中华精神家园
杰出人物

千古忠良

千古贤臣与爱国爱民

肖东发 主编　李正平 编著

中国出版集团
现代出版社

图书在版编目（CIP）数据

千古忠良 / 李正平编著. — 北京：现代出版社，
2014.11（2020.01重印）
　（中华精神家园丛书）
　ISBN 978-7-5143-2655-0

　Ⅰ. ①千… Ⅱ. ①李… Ⅲ. ①历史人物－生平事迹－
中国－古代 Ⅳ. ①K820.2

　中国版本图书馆CIP数据核字(2014)第259246号

千古忠良：千古贤臣与爱国爱民

总 策 划：陈　恕
主　　编：肖东发
作　　者：李正平
责任编辑：王敬一
出版发行：现代出版社
通信地址：北京市定安门外安华里504号
邮政编码：100011
电　　话：010-64267325 64245264（传真）
网　　址：www.1980xd.com
电子邮箱：xiandai@cnpitc.com.cn
印　　刷：山东省东营市新华印刷厂
开　　本：710mm×1000mm　1/16
印　　张：11
版　　次：2015年4月第1版　　2020年1月第3次印刷
书　　号：ISBN 978-7-5143-2655-0
定　　价：40.00元

　　党的十八大报告指出："文化是民族的血脉，是人民的精神家园。全面建成小康社会，实现中华民族伟大复兴，必须推动社会主义文化大发展大繁荣，兴起社会主义文化建设新高潮，提高国家文化软实力，发挥文化引领风尚、教育人民、服务社会、推动发展的作用。"

　　我国经过改革开放的历程，推进了民族振兴、国家富强、人民幸福的中国梦，推进了伟大复兴的历史进程。文化是立国之根，实现中国梦也是我国文化实现伟大复兴的过程，并最终体现为文化的发展繁荣。习近平指出，博大精深的中国优秀传统文化是我们在世界文化激荡中站稳脚跟的根基。中华文化源远流长，积淀着中华民族最深层的精神追求，代表着中华民族独特的精神标识，为中华民族生生不息、发展壮大提供了丰厚滋养。我们要认识中华文化的独特创造、价值理念、鲜明特色，增强文化自信和价值自信。

　　如今，我们正处在改革开放攻坚和经济发展的转型时期，面对世界各国形形色色的文化现象，面对各种眼花缭乱的现代传媒，我们要坚持文化自信，古为今用、洋为中用、推陈出新，有鉴别地加以对待，有扬弃地予以继承，传承和升华中华优秀传统文化，发展中国特色社会主义文化，增强国家文化软实力。

　　浩浩历史长河，熊熊文明薪火，中华文化源远流长，滚滚黄河、滔滔长江，是最直接的源头，这两大文化浪涛经过千百年冲刷洗礼和不断交流、融合以及沉淀，最终形成了求同存异、兼收并蓄的辉煌灿烂的中华文明，也是世界上唯一绵延不绝而从没中断的古老文化，并始终充满了生机与活力。

　　中华文化曾是东方文化摇篮，也是推动世界文明不断前行的动力之一。早在500年前，中华文化的四大发明催生了欧洲文艺复兴运动和地理大发现。中国四大发明先后传到西方，对于促进西方工业社会的形成和发展，曾起到了重要作用。

中华文化的力量，已经深深熔铸到我们的生命力、创造力和凝聚力中，是我们民族的基因。中华民族的精神，也已深深植根于绵延数千年的优秀文化传统之中，是我们的精神家园。

总之，中华文化博大精深，是中国各族人民五千年来创造、传承下来的物质文明和精神文明的总和，其内容包罗万象，浩若星汉，具有很强的文化纵深，蕴含丰富宝藏。我们要实现中华文化伟大复兴，首先要站在传统文化前沿，薪火相传，一脉相承，弘扬和发展五千年来优秀的、光明的、先进的、科学的、文明的和自豪的文化现象，融合古今中外一切文化精华，构建具有中国特色的现代民族文化，向世界和未来展示中华民族的文化力量、文化价值、文化形态与文化风采。

为此，在有关专家指导下，我们收集整理了大量古今资料和最新研究成果，特别编撰了本套大型书系。主要包括独具特色的语言文字、浩如烟海的文化典籍、名扬世界的科技工艺、异彩纷呈的文学艺术、充满智慧的中国哲学、完备而深刻的伦理道德、古风古韵的建筑遗存、深具内涵的自然名胜、悠久传承的历史文明，还有各具特色又相互交融的地域文化和民族文化等，充分显示了中华民族的厚重文化底蕴和强大民族凝聚力，具有极强的系统性、广博性和规模性。

本套书系的特点是全景展现，纵横捭阖，内容采取讲故事的方式进行叙述，语言通俗，明白晓畅，图文并茂，形象直观，古风古韵，格调高雅，具有很强的可读性、欣赏性、知识性和延伸性，能够让广大读者全面接触和感受中国文化的丰富内涵，增强中华儿女民族自尊心和文化自豪感，并能很好继承和弘扬中国文化，创造未来中国特色的先进民族文化。

2014年4月18日

上古时期——名臣典范

中古时期——千古忠良

名臣典范

春秋战国是我国历史上的上古时期。春秋阶段出现了齐、晋、楚、吴、越等诸侯国，战国阶段出现了齐、楚、燕、韩、赵、魏、秦等诸侯国。

各诸侯国为了谋求发展，积极变法改革及合纵连横等，涌现了许多贤良的臣子。他们忠君爱国，道德高尚，勤政为民，励精图治，推动了各诸侯国的大发展，堪称后世之楷模，留下了许多可歌可泣的为后世传颂的故事。

亘古第一忠臣比干

比干（前1125—前1063），生于商代沫邑，即今河南省卫辉市北。他是商纣王的叔父，是商纣时代丞相。他竭力反对商纣王暴虐荒淫，横征暴敛，结果被商纣王帝辛残杀。

比干是商代以死谏君的忠臣，也是历史上有名的敢于进谏、又不惜以死抗争的忠臣。因为他是历史上第一个以死谏君的忠臣，因此被誉为"亘古第一忠臣"。

■ 被誉为"亘古第一忠臣"的比干塑像

比干幼年聪慧，勤奋好学，20岁就以太师高位辅佐帝乙，又受托孤重辅后来的商纣王帝辛。

比干从政40多年，主张减轻赋税徭役，鼓励发展农牧业生产，提倡冶炼铸造，富国强兵。

商纣王刚即位的时候，每次在战场上都表现得异常勇猛。他亲军东征徐夷时，多次亲自带兵往来冲杀，骁勇无比，最后迫使徐夷酋长反绑着双手，口衔国宝玉璧，穿着孝服、拉着棺材向商纣王投降。

商纣王率领军队，一直打到了长江的下游地区，东夷部落纷纷臣服。

当商纣王凯旋之时，比干带着文武大臣，步行几十千米前往迎接。当时的民谣甚至这样唱道："商纣王江山，铁桶一般……"

然而，商纣王很快就腐化堕落了。他大兴土木，强迫奴隶为他修建宫殿，还建造了一座高高的摘星楼，整天在上面与美女、美酒相伴，日日笙歌，夜夜曼舞。从此，商朝的国都就改名为"朝歌"。

商纣王的种种劣迹，完全可以使人忽视他曾经的功劳，而且每一桩都少不了坏女人妲己。

■ 商代龙纹刀

帝乙（前1101—前1076），商朝的国王，姓子名羡，商王文丁之子，他在文丁死后即位。他在位26年，其间商朝国势日衰。帝乙在位末年，迁都于沫，即朝歌，今河南省淇县。又被后人称为帝乙大帝。

商纣王有一次正和妲己饮酒，远远望见一老一少正在渡河，小的走在前面，已经过河而去；老的落在后面犹豫不前。

商纣王说："小孩骨髓旺，不怕冷；老人骨髓空，怕冷。"

妲己不信，商纣王就命士兵把两人抓来，用斧子砸开他们的腿骨让妲己看。

这条河从此被叫作"折胫河"。

■ 商代陶爵

比干看到商纣王的所作所为，就坦率地直谏，并带着他去太庙祭祀祖宗，给他讲历代先王的故事：先祖盘庚用茅草盖屋，武丁和奴隶一起砍柴锄地；祖甲约束自己，喝酒从来不过3杯，唯恐过量误国；等等。商纣王表面点头称是，但并不真正改过，而且越加荒淫暴虐。

商纣王不但在王宫里"流酒为池，悬肉为林"，而且还表演"真人秀"，令男女裸体而相逐其间，以此为乐。

妲己喜欢看人受虐的情景，有一种叫作"炮烙"的刑具，就是她发明的。

炮烙是用铜做成空心的柱子，在行刑的时候，先把犯人脱光衣服绑在柱子上，然后再把烧红的炭火放

千古忠良

千古贤臣与爱国爱民

妲己 商王朝最后一位君主商纣王的宠妃，人称"一代妖姬"。根据史料记载，商纣王征伐有苏部落，即今河南省温县，俘获到美艳的妲己为妾。商纣王非常宠爱她，她便蛊惑商纣王整日淫乐，不理朝政。后被周武王斩首示众。

进铜柱子内。

姐己说她有辨认腹中胎儿是男是女的本领。商纣王就抓来100个孕妇试验。

姐己让孕妇先坐下再站起来，然后对商纣王说："先抬左腿者是男，先抬右腿者是女。"

商纣王不信，姐己就命人当场剖腹检验。

比干看到商纣王和姐己害人取乐的场面，气得浑身发抖。他说："我是皇伯，强谏于王！"说完疾步走到了商纣王面前，直言他的错误，并且请求将姐己斩首，全门赐死！商纣王愤愤地坐在那里，一句话也不说。

比干继续说道："当年天下大灾，饿殍塞途，汤王下车抚尸而哭，自责无德。便立即开仓济贫，饥者得食，寒者得衣，天下称颂。你今天的作为与先王的仁政简直是背道而驰，若不改悔，天下就要危险啦！"

商纣王听完气得拂袖而去。

比干回到家中，请来箕子和微子商议，让他们向商纣王进谏。

第二天，箕子去劝商纣王，商纣王却将箕子的头发剪掉，把

盘庚 姓子，名旬，生卒年不详。祖丁子，阳甲弟。阳甲死后继位。商代第20位国王，是一位很有作为的国王。他为了改变当时社会不安定的局面，决心再一次迁都，搬迁到殷，即今河南安阳小屯村。在那里整顿商朝的政治，使衰落的商朝出现了复兴的局面。病死后，葬于殷。

■ 汤王（？—前1588），即商汤，子姓，名履。多称商汤，又称武汤、天乙、成汤、成唐，甲骨文称唐、大乙，也称高祖乙，河南商丘人。商朝的创建者，庙号太祖。在位30年，其中17年为夏朝商国诸侯，13年为商朝国王。

财神比干像

他囚禁起来。

后来，微子进谏，商纣王依然不听，微子只好抱着祖先的祭器远走他乡，到朝鲜半岛建立了自己的国家。

大臣辛甲进谏了75次，商纣王丝毫不改，于是投奔了周文王。

许多大臣看到商纣王已经无可救药，便纷纷弃商投周。商纣王已经落到了众叛亲离的地步。而此时，周武王率军东征已经打到了孟津，大小诸侯背叛商朝来和周会盟的有800多个，商王朝已是风中残烛了。

比干觉得为人臣子不能像微子那样说走就走，就是杀头挖心也得据理力争。他冒着灭族的危险，连续3天进宫抨击商纣王的过错。

商纣王被比干批评得无言以对，恼羞成怒地喝问："你为什么这样坚持？"

比干说："君有诤臣，父有诤子，士有诤友。下官身为大臣，进退自有尚尽之大义！"

商纣王又问："何为大义？"

比干答："夏桀不行仁政，失了天下，我王也学

夏桀 又名癸、履癸。商汤把他谥号"桀"，即凶猛的意思。桀是夏朝第十六代君主发之子，在位52年。夏桀文武双全，但荒淫无度，暴虐无道，为历史上著名的暴君。商汤灭亡夏朝时，桀被放逐而饿死。

此无道之君，难道不怕丢失了天下吗？我今日进谏，正是大义所在！"

商纣王听到这里后勃然大怒，于是他说："吾闻圣人之心有七窍，信有诸？"说罢，命人剖胸取心。

比干毫无惧色，慷慨就戮。比干忠于朝廷、冒死苦谏的精神为后世所敬仰。

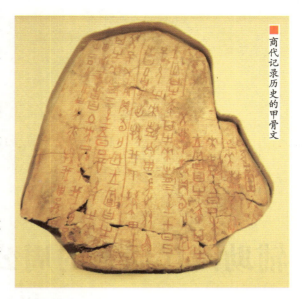

商代记录历史的甲骨文

后来周武王为比干封墓，赐比干的子孙为林姓。

此后，历朝历代都在立碑、建庙及封谥上大力宣扬比干，民间都把比干尊为"文财神"。

阅读链接

比干被害后，商纣王还要将其满门抄斩。比干的夫人陈氏当时身怀六甲，被同情比干的士兵偷偷地放了出来，在附近一处山林里生下了比干的遗腹子。商纣王的追兵赶到后，查问孩子的姓氏，陈氏急中生智，指林为姓，躲过了这次劫难，林氏由此起脉。

周武王灭商建周后，为比干封墓，正式赐比干的儿子为林姓，赐名为坚，封河清公，食采于博陵，即今河北省安平县一带。所以，林坚就是林姓的始祖，而比干成了林姓的太始祖。

辅助两代周王的周公

■ 德冠古今之周公塑像

　　周公，姓姬名旦，又称周公旦，也称叔旦，谥号"文公"。他是周代周文王的儿子，是西周初期杰出的政治家、军事家和思想家。他曾先后辅助周武王灭商、周成王治国。他制定和完善宗法、分封等各种制度，使西周奴隶制获得进一步的巩固。

　　周公是我国古代史上一位伟大的政治家，同时又是我国古代教育开创时期的杰出代表，他对我国古代教育的发展曾经起过巨大的作用。

■ 周文王（前1152—前1056），姓姬名昌，又称周侯、西伯。生于西岐。他在位期间，经济发展，社会昌明，为后来周武王灭商打下了基础。

周公自幼为人诚实忠厚，孝敬父母，多才多艺。在周文王之时，周族在岐山附近已经获得了很大发展。周文王去世后，周武王继承父位，继续进行消灭商汤的事业。

周族与商朝军队经过"牧野之战"，最终推翻了商朝的统治。周武王褒封了一些功臣，使天下逐渐得以稳固。

在周武王灭商的过程中和灭商之后，周公一直是周武王的得力助手。由于他过度劳累，在周武王消灭商朝后的第二年便生了病。

有一次，周武王忧虑天下尚未安定，结果一夜没有睡。周公得知后，急忙赶到周武王那里。周武王觉得自己已经不久于人世了，便托付后事，将一些想法告诉了周公。

周朝当时还未完成统一，周武王想让自己的子嗣完成统一大业，但是他的儿子姬诵还很年少，不能担负起这个重任。所以在两人交谈时，周武王希望让周公在自己去世后继承王位。

周公听说要让自己继承王位，他非常惊恐，就哭

周武王 （前1087—前1043），姓姬名发。周文王次子。他继承父亲遗志，消灭商朝，夺取全国政权，建立了西周王朝，表现出卓越的军事、政治才能，成为我国历史上的一代明君。死后谥号"武"，史称周武王。

牧野之战 又称"周武王伐纣"，是周武王联军与商朝军队在牧野进行的决战。由于商纣王先征西北的黎，后平东南夷，虽取得胜利，但穷兵黩武，加剧了社会和阶级矛盾，最后兵败自焚，商朝灭亡。

子嗣 可以叫作"第一皇位继承人"，因为我国在古代社会只有男子继承皇位，如果皇帝没有子嗣，则从近亲皇族中选拔直系近亲的子女过继，则视为子嗣。

着作揖，既感激又害怕，连忙说自己不能这么做。

周公认为，周朝刚创下基业，政局还不稳定，姬诵年幼无知，还没有治理国家能力，如果想要巩固新生的政权，就需要经验丰富的君主。所以周公只想暂时代替姬诵打理国事，等姬诵长大再主动交出权位。

就这样，周武王的儿子姬诵被立为太子，由周公负责培养和教育。在周武王去世的当年秋天，周公为年仅13岁的姬诵举行了加冠礼，以示姬诵已经长大成人，让他登基，被称为周成王。

此时周公领导百官，担负起了安定天下和巩固周朝统治的重任。周公辅佐周成王，处理政事，这在当时这种混乱的局势下，对于稳定人心有着极为重要的意义。

然而，尽管周公兢兢业业地辅佐周成王，却有人怀疑周公的动机不纯。周公的弟弟管叔和蔡叔等人制造谣言，说周公将对成王不利。

千古忠良

千古贤臣与爱国爱民

■ 周公东征平叛图

■ 商周时代的建筑
图纹

时隔不久，管叔和蔡叔与商纣王的儿子武庚勾结起来发动叛乱，阴谋夺取政权。周成王便命周公率兵镇压叛乱。周公领兵很快就讨伐平定了管叔、蔡叔和武庚发动的反叛。

周成王迁都洛邑后，周公就召集天下诸侯举行盛大的庆典，在这里正式册封天下诸侯，并且宣布各种典章制度，也就是著名的"制礼作乐"。

为了巩固周朝的统治，周公先后发布了各种文告，从其中可以看出周公全面总结了夏朝和商朝的统治经验，才详细制定了适合周朝的各种政策。周公曾先后发布了《康诰》《酒诰》《梓材》文告。

《康诰》的目的是安定原商朝的人民，其内容主要是"明德慎罚"。周文王因为"明德慎罚，不敢侮鳏寡"才有了天下。

"明德"的具体内容之一就是"保殷民"。"慎罚"

册封 我国古代皇帝授勋封爵举行仪式时宣读的册文。古代，皇帝以勋封爵号授给异姓王、宗族、后妃等，都经过一种仪式，在受封者面前，宣读授给封爵位号的册文，连同印玺一起授给被封人，称册封。

千古忠良

千古贤臣与爱国爱民

■ 周公训王图

祭祀 是华夏礼
典的一部分,更
是儒教礼仪中最
重要的部分,礼
有五经,莫重于
祭,是以事神致
福。祭祀对象分
为三类:天神、
地祇、人鬼。天
神称祀,地祇称
祭,宗庙称享。
祭祀的法则详细
记载于儒教圣经
《周礼》《礼记》
中,并有《礼记
正义》《大学衍义
补》等经书进行
解释。

就是依法行事,其中还包括商朝法制的合理成分。

《康诰》规定,刑罚不可滥用,有的案情要考虑
五六天,或者10多天才能够判定。至于杀人越货或
"不孝不友"的要"刑兹无赦"。

文告中反复强调"康民""保民""裕民"和"庶
民"等。文告反复告诫为官者要勤勉从事,不可贪图
安逸。并说"天命"不是固定不变的,能"明德慎
罚"才有天命。

还说"明德慎罚"也不是一切照旧,而是参酌商
法,推行周法,使原商朝的人"做新民"。

《酒诰》是针对原商朝人们饮酒成风而发布的。
酿酒要用去大量粮食,这种饮酒风习在以农业为主的
周朝看来简直无法容忍。

周公并非完全禁酒,他规定在有祭祀庆典的时候

还是可以喝一点的。但是群饮是不行的，不可放过，要全部捉来"以归于周"，或"予其杀"。

"予其杀"是将要被杀，但是未必杀；"归于周"是指不要给原商朝人们有滥杀的印象。这其实同"保民"或"安民"是一致的。

文告强调要引导原商朝人民去多种庄稼，也可以从事养殖或经商。

《梓材》规定人们之间不要相互残害或相互虐待，要关爱鳏寡孤独，社会自然就会出现安定的局面。这种局面的形成不是轻易可以得到的，要像农民那样勤除草和勤整地，贵在坚持。总之，勤用明德和保民，才能"万年为王"。

三篇文告贯穿一个基本思想，那就是安定原商朝的人民，不给他们滥杀或虐待的形象。同时反复强调处罚要慎重，要依法从事。至于改造酗酒陋习，也要求一是限制；二是引导；三是区别对待。

为了周王朝的长治久安，周公还制定了礼乐制

畿服　周代人将王都以外的地区，按照其与王朝的关系以及离王都的远近，而划分为几个大区域的一种制度。周代称王朝职官为内服，诸侯等为外服。服即服侍于王之意。

嫡长子　特指正妻所生的继承家业的长子。西周时期，周王实行宗法制，宗法制是按照血缘宗族关系分配政治权利，维护政治联系。周天子以嫡长子世代继承最高执政权力，为天下的大宗。因此宗法制的最大特点就是嫡长子继承。

■ 洛阳周公庙

陕西岐山周公庙的周公像

度。主要有"畿服"制、"爵谥"制、"法"制、"嫡长子继承"制和"乐"制等。其中最重要的是嫡长子继承制和贵贱等级制等。

在商朝的时候，君位的继承多半是兄终弟及，传位很不固定。周公确立的嫡长子继承制，就是以血缘为纽带，规定周天子的王位由长子继承。同时把其他庶子分封为诸侯卿大夫。他们与天子的关系是地方与中央、小宗与大宗的关系。

周公还制定了一系列严格的君臣、父子、兄弟、亲疏、尊卑、贵贱的礼仪制度，以调整中央和地方、王侯与臣民的关系，以加强中央政权的统治，这就是著名的"礼乐制度"。

周公制礼作乐具有十分重大的意义，它标志着周朝的统治完全走向了正轨，而且对周朝社会的稳定和繁荣起到了重要的作用。

周公的"敬天保民""明德慎罚"和"勤政尚贤"等思想，成了后来儒家思想的直接来源，影响了我国几千年的社会制度。

周公辅政7年后，周王朝的统治已经稳固下来。此时，周成王已经长大成人，完全可以独立处理政务了。周公担心成王年轻气盛，治国时难免犯错误，于是写文章以劝谏成王。

　　后来，周公在恰当的时候还政于成王了。周成王即位第七年，也就是周公归政之年的岁末，周成王在洛邑举行了分封周公后代的仪式.将周公的儿子伯禽封到泰山旁边，建立了鲁国，周公也就成了鲁国的开国君主。

　　周公归政成王后，依然极受尊敬，周成王经常去泰山看望周公。

　　周公大约60岁时在封地去世。在周公病危时，他希望自己死后葬在周朝的都城，以表示不愿离开成王。周公去世后，周成王很伤心，特许鲁国在祭祀周公时演奏周朝的"天子礼乐"，以示对周公的最大尊敬。

　　周公不仅敬德保民、制礼作乐、建立典章制度，此外对《易经》创作也有巨大贡献。他还受后来春秋时期著名思想家孔子的推崇，被儒家尊为圣人。周公思想对后来儒家的形成起到了奠基的作用，后世儒家将周公与孔子并称。

阅读链接

　　周武王消灭商朝后，有人主张将商朝连人带物都毁掉。周武王为此问周公。

　　周公说："让商朝人在他们原来的住处安居，耕种原来的土地，争取商朝人当中有影响、有仁德的人。"

　　周公这种给商朝人以生路和就地安置与分化瓦解的政策，深得周武王的赞许。周武王就命令释放被囚禁的商朝贵族与官员。还修整商王室的故居，并且设立标志。

　　这一切措施都表明周武王反商纣之道而行之，还给受商纣残害的人平反昭雪，就大力争取了原商朝的人，使得周朝很快就安定了下来。

统军治国能手姜子牙

姜子牙（前1156—前1017），也称吕尚、姜尚，名望，字子牙或牙。他先后辅佐了六位周王，因是齐国始祖而称"太公望"，俗称姜太公。他生于商周时期东海海滨，即今安徽省临泉县一带。

姜子牙是一位满腹韬略的贤臣和非凡的政治、军事家，一直受历代统治者崇尚。是我国商周时期政治家、军事家和谋略家。他在统军和治国方面的才能，被千古传颂。

■ 被历代统治者崇尚的姜子牙陶像

在商朝末年，在商都朝歌的西面兴起了一个名叫周的强国。周的历史悠久，据说他们的远祖后稷在尧的时候是担任农师，以后世世代代承袭这个职务，管理农业方面的事情。周族领袖姬昌即位，就是有名的周文王。

因为祖先做过农师，周文王也十分重视农业。他待人宽厚，所以老百姓都很拥护他。周文王特别敬重有本领的人，请他们帮助治理国家，许多人纷纷来投奔他，因此他手下文臣武将众多。

姜子牙就是周文王请来的最有才能的人。

商纣王看到周的势力越来越强，十分害怕，就找个理由把周文王找来，囚禁在羑里。

周文王的臣子为了搭救周文王，搜罗了美女、宝马和珍宝献给商纣王，并买通商朝的大臣，请他在商纣王面前求情。

■ 尧（前2377—前2259），姓伊祁，名放勋，史称唐尧。他在唐县伏城一带建立了我国历史上的第一个都城，以后因水患逐渐西迁山西，定都平阳。唐尧在帝位70年，90岁禅让于舜。尧在118岁时去世。

后稷 周的始祖，名叫弃。为儿童时，好种树麻、菽、麻、菽。成人后，好耕农，善种谷物稼穑，民皆效法。曾经被尧举为"农师"，被舜命为后稷。其后子孙繁衍，逐渐强大，就是周人。

■ 姜子牙钓鱼台

渭水 黄河的第一大支流，发源于甘肃省渭源县的鸟鼠山，由陕西省潼关汇入黄河。渭水的中下游渠道纵横，自汉至唐，皆为关中漕运要道。渭水与泾水汇合之处，河水的浊清分界明显。

商纣王很是贪财，又喜欢美女。他得了礼物，听了大臣的话，把周文王释放了。

周文王获得自由以后，决心治理好自己的国家，以便寻找机会，报仇雪耻。他看到自己手下虽然有了不少文臣武将，可是还缺少一个文武双全且谋略超众的人，以帮他筹划灭商大计。

因此他常留心寻访这样的大贤人。

一天，周文王来到渭水边，他看到一位须发斑白的七八十岁的老人，坐在水边钓鱼。老人钓鱼的鱼钩离水面有三四尺高，并且是直的，上面也没有钓饵。周文王看了很纳闷，就过去和老人攀谈起来。

经过交谈周文王才知道，这老人姓姜，名尚，又名子牙，是远古时代炎帝的后代。到渭水边上来钓鱼，目的就是在等待贤明的君主来寻访。

周文王和姜尚经过一番交谈，发现姜尚是一个谈吐不凡、有雄才大略的人。他上通天文，下知地理，对政治、军事各方面都很有研究，特别是对于当时的形势，分析得头头是道。

他认为商朝的天下不会很长久了，应当由贤明的领袖来推翻它，建立一个新的朝廷，让老百姓能过上舒服的日子。

姜尚的话句句都说到了周文王心里，周文王终于找到了姜尚这样的治国能手。

周文王虔诚地对姜尚说："请您帮助我们治理国家吧！"

说完，就叫手下人架车过来，邀请姜尚和自己一同上车，回到都城里去。

姜尚到了周文王那里，就被拜为太师，总管全国政治和军事。

姜太公果然不负厚望，他做了周文王的国相，帮助周文王整顿政治和军事。他对内发展生产，使人民安居乐业；对外征服各部族，开拓疆土，简直削弱商朝的力量。

周文王在姜尚的辅佐下，先后打败了犬戎、密须

太 师　官名。太，也称作大。古时三公之首，三公，即太师、太傅、太保。太师一职为西周置，为辅弼国君之臣，历代相因。秦废，汉复置。晋代避司马师讳，曾改作太宰。晋之后复称太师，多为重臣加衔，作为最高荣典以示恩宠，并无实职。

■周代主力武器戈

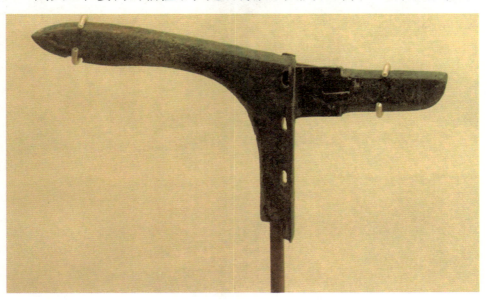

箕子 名胥余。商纣王的叔父，商朝太师。在周武王伐纣后，带着商代的礼仪和制度到了朝鲜半岛北部，建立东方君子国，被那里的人民推举为国君，并得到周朝的承认。史称"箕子朝鲜"。箕子被誉为中华第一哲人。

等部族及一些小国家，吞并了从属于商朝的崇国，在崇国的地盘上营建了一个丰城，把都城迁到了丰城。

周文王晚年的时候，周的疆土面积扩充了不少。当时周朝的疆域东北拓展到现在山西的黎城附近，东边到现在河南沁阳一带，靠近商朝的都城朝歌，南边到了长江、汉水、汝水流域。

据说周文王已经控制了当时天下的三分之二，为灭商奠定了可靠的基础。

周文王病逝以后，他的儿子姬发即位，这就是周武王。姜太公帮助周武王建立了周朝，成为有名的军事家和治国贤臣。

公元前1043年，商王朝统治集团核心发生内讧，良臣比干被杀，箕子被囚为奴，微子启惧祸出逃，太师疵、少师强投降周武王。

■ 周朝战车

■ 牧野之战

周武王问姜子牙现在是否可伐商朝，姜子牙支持现在伐纣。

于是，周武王决意举兵，并以"吊民伐罪"为号召，联合诸侯各国部队，以战车4000乘陈师牧野，与商纣王的17万大军展开决战。

周武王在牧野举行了庄严的誓师大会，这便是历史上有名的"牧誓"，誓词历数商纣王听信宠姬谗言，招诱四方罪人和逃亡奴隶，暴虐地残害百姓等罪行，说明伐纣的目的乃代天行罚，宣布战法和纪律要求，激励战士勇猛果敢作战。

周武王以姜子牙为主帅，统领兵车300乘，猛士3000名，甲士4.5万人，向商军发起挑战。

姜子牙首先以兵车、猛士从正面展开突击，尔后以甲士展开猛烈冲杀，一举打乱了商军的阵势。纣师

微子启 子姓，名启，世称微子、微子启，"微"是国号，"子"是爵位。微子是商王帝乙的长子，商纣王的庶兄。宋国开国远祖，第一代国君。死后葬于宋国故地山东微山岛。今河南商丘市睢阳区，建有微子祠。

鹿台 商纣王所建之宫苑建筑，地点应在商都附近。是商纣王囤积财物的地方。史书记载："厚赋税以实鹿台之钱。"商纣王建鹿台7年才完工，其工程之大，不言而喻。

虽众，一看阵脚被打乱，顿时斗志皆无。这时，商军前面的士卒掉转枪头指向商军，给姜子牙开路。

周武王见此情景，指挥全军奋勇冲杀，结果，商纣王的10多万大军，当天就土崩瓦解。商纣王见大势已去，在鹿台投火自焚，至此，商王朝宣告灭亡。

周朝建国之后，姜子牙因灭商有功，被封于齐，都城营丘。姜子牙在治理齐国时，强调立功做事，重用有功之人，大力发展经济。他顺应当地的习俗，简便周朝的繁文缛节，大力发展商业，让百姓享受鱼盐之利。

齐国的地理位置靠着沿海，但当时齐国人都是用鱼钩钓鱼，这样费时间，钓的鱼也少。姜子牙便教给他们用渔网打鱼，发展渔业。同时又教给他们晒盐、卖盐，从邻国换取所需要的粮食。此外，他还大力发展手工业、冶铁等。

当其他诸侯国还在费尽心思发展农业时，姜子牙

■周代齐国复原图

姜子牙出山塑像

却带领着齐国人从商。

经过一段时间的治理，姜子牙将齐国建设成为一个实力雄厚的商业国家，百姓富足，国家安定，出现百姓安居乐业的景象，使之成为后来的春秋五霸和战国七雄之一。

据说姜子牙活了100多岁。历代典籍都公认他的历史地位，儒、道、法、兵、纵横诸家都追他为本家人物。因此，姜子牙被尊为"百家宗师"。

阅读链接

姜子牙出世时，家境已经败落了，所以姜子牙年轻的时候干过宰牛卖肉的屠夫，也开过酒店卖过酒，聊补无米之炊。

但姜子牙人穷志不短，无论是宰牛也好，还是做生意也好，始终勤奋刻苦地学习天文地理、军事谋略，研究治国安邦之道，期望能有一天为国家施展才华。

后来，终于等到了他所期望的明君圣主周文王，成为周武王打败商纣王的主谋，是当时的最高军事统帅与西周的开国元勋，也是齐国的缔造者，齐文化的创始人。

春秋第一相管仲

管仲（前723或前716—前645），名夷吾，史称管子。生于春秋时期的颍上，即今安徽省西北部，淮河北岸。周穆王之后代，谥号"敬仲"，故又称管敬仲。管仲博通坟典，淹贯古今。有经天纬地之才，济世匡时之略。

管仲十分发展注重经济，他反对空谈主义，主张改革以富国强兵。他凭借自己的才能，辅佐齐桓公成为春秋第一霸主。被誉为"法家先驱""圣人之师""华夏文明的保护者""华夏第一相""春秋第一相"，对后来具有巨大影响。

"春秋第一相"管仲画像

■ 齐桓公（前716—前643），姜姓，吕氏，名小白。春秋时齐国国君。在位时期任用管仲改革，选贤任能，加强武备，发展生产，安定周朝王室内乱，多次会盟诸侯，成为中原霸主。桓公晚年昏庸，信用易牙、竖刁等小人，最终在内乱中饿死。

齐襄公在位期间，政治混乱，人民生活困苦，国内矛盾非常尖锐。对此，管仲预感到齐国将发生变乱。于是，他和他的好朋友鲍叔牙拥戴公子小白登上了国君之位。这就是齐桓公。

齐桓公做了国君后，任用管仲为相，并经常向管仲请教国家大事。管仲决心辅助齐桓公成就霸业。齐桓公向管仲请教富国、足民、强兵的策略。

管仲回答说："要使国家安定富强，必须先得民心。要得民心，应当先从爱惜百姓做起。国君能够爱惜百姓，百姓就自然愿为国家出力。"

齐桓公于是问道："百姓富足了，但是兵甲不足怎么办？"

管仲说："兵在精不在多。士兵的战斗力强，就能以一当十。"

桓公又问："兵强了，财力不足怎么办？"

管仲说："开发盐业、发展渔业、发展商业以此增加财源，从中收税。这样，军队的费用就也可以解决了。"

鲍叔牙（前723或前716—前644），姒姓，鲍氏，也称"鲍叔""鲍子"，是鲍敬叔的儿子。颍上人，春秋时代的齐国大夫，管仲的好朋友。鲍叔牙推荐管仲做了宰相，被时人誉为"管鲍之交""鲍子遗风"。

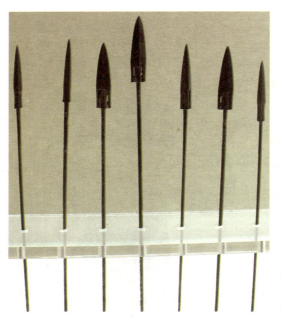
■ 周代箭镞

桓公听了非常兴奋，又问："兵强、民足、国富，是否就可以争霸天下了？"

管仲严肃地说："还不可以。争霸天下是大事，要制订具体的计划。目前是让百姓休养，让国家富强安定，否则难以实现称霸目的。"

齐桓公对管仲的一套富国强兵、治国称霸的道理十分欣赏。

管仲改革的目的是"富国强兵"，他改革的重点在经济方面。首先调整分配关系，以调动农民的生产积极性。为此，他提出按照土地的肥瘠、产量的多寡征税。这种办法使赋税征收很合理，农民也易于接受，也扩大了税源，增加了财政收入。

赋税 田赋及各种捐税的总称。我国古代最初的赋税是统治者向下属征取土产、劳役和其他实物。逐渐演变为按丁口征收军役及军需品，称"赋"；按土地及工商经营征收财物则称"税"。

管仲还主张在发展农业的基础上，积极发展工商业，使两者并举。他利用齐国处在东海之滨的便利条件，发展渔业、盐业，开发山川、林泽，鼓励老百姓放手生产。这些措施使齐国经济繁荣起来。

经过管仲的大力改革，齐国的国力日益强盛，出现了民足、国富，社会繁荣安定的局面，为齐桓公称霸诸侯奠定了坚实的基础。

夷狄 古时称东方部族为夷，北方部族为狄。在古代常用来指边远少数民族地区，也泛指除华夏族以外的各族。

就在齐国国力增强的时候，当时的周王室日益衰微，周兵在中原与各诸侯混战，周朝的北方边境也遭到外族袭扰，原本安定的环境遭到破坏，经济发展受到严重阻碍。

管仲和齐桓公根据这一形势，一是决定打出尊周王室为天下共主这面旗帜，以号召其他诸侯国；二是主张抵御周朝边境的夷狄入侵，阻止周边各少数民族对中原华夏族的进攻，以博得中原各国的拥护。这两项措施，使得齐国动用武力出师征讨，有了名正言顺的理由。

前684年冬，齐国首先灭掉西邻的小国郯。其后不久，在管仲建议下，齐国又与宋、陈、蔡、邾等国在北杏会盟，商讨平定宋国的内乱。齐国的武力征讨和会盟大见成效。其他各个诸侯国看到齐国逐渐强大，纷纷表示承认齐国的霸主地位，向齐国屈服。

前667年冬，齐桓公又召集鲁、宋、陈、卫、郑、许、滑、滕等国的国君在宋国的幽地会盟，几乎全部中原国家都参加进了这次会盟。周天子也派代表召伯参加，并赐齐桓公以侯爵。至此，齐桓公成为名副其实的霸主。

此后，齐桓公在管仲的辅助下，又多次大会诸侯。据史料记载，齐桓公前后会盟诸侯达11次之多，人们常说"九合诸侯"，只不过是

春秋时期车马出行石刻

■ 管仲蜡像

千古忠良

千古贤臣与爱国爱民

说会盟次数多。由此可见齐国在当时是多么强大。

管仲辅佐齐桓公使中原华夏族免于南蛮、北狄的侵扰，表现出杰出的政治家才能。

前645年，为齐桓公霸业立下不朽功勋的管仲病重，齐桓公问以后事："众臣中谁可以任丞相呢？"

管仲说："了解大臣的没有人能比得上国君。"

桓公问："易牙怎么样？"

管仲说："易牙杀了自己的儿子去迎合国君，不可以任相职。"

桓公问："开方怎么样？"

管仲说："开方背叛自己的亲人迎合国君，难以亲近。"

桓公又问："竖刁怎么样？"

管仲说："竖刁阉割自己迎合国君，难以亲信。"

但在管仲死后，齐桓公把管仲的忠告置于脑后，最终重用了这几个人。果然就像管仲说的那样，这三人总揽齐国大权，相互勾结，两年后齐桓公也被他们害死。齐桓公和管仲一死，齐国的霸业也就骤然衰落了。

管仲不仅是一位杰出的政治家，而且他也是一位影响巨大的思想家，他的思想也给后人留下

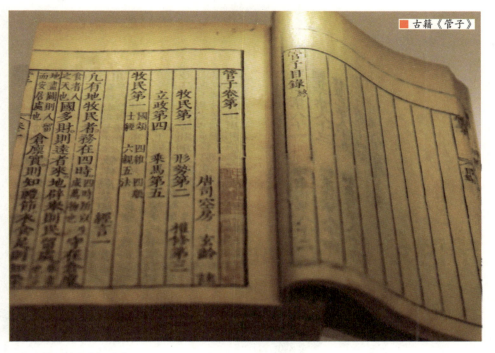

了一笔宝贵的财富。

今天留传于世的《管子》，就是后人根据管仲的思想、言论总结出来的。他的以法治国的思想，对后世有深远的影响，有些至今仍有一定的借鉴意义。

阅读链接

管仲和鲍叔牙的友情很深。他们俩一起经商时，每次赚了钱，鲍叔牙总是少分给自己，多分给管仲。管仲3次参加战斗都没有打过胜仗，鲍叔牙就向讥笑管仲的人们解释说，管仲不怕死，因为他家有年迈的母亲，全靠他一人供养，所以他不得不那样做。

管仲也曾多次想为鲍叔牙办些好事，只可惜最终都没有办成。但鲍叔牙认为，事情所以没有办成，只是由于机会没有成熟罢了。管仲晚年曾多次对人讲过："生我的是父母，知我的是鲍叔牙。"

治国经商干才范蠡

范蠡（前536—前448），字少伯，又叫范少伯、陶朱公、鸱夷子皮。生于春秋时期的宛地，即今河南省南阳市。著名的政治家和实业家。

他的一生，从楚到越，由越到齐，大起大落。由布衣客到上将军，由流亡者到大富翁，范蠡以其坚韧不拔的毅力和宏远的谋略辅佐勾践兴复濒于灭亡的越国，灭亡称霸诸侯的吴国，创造了扶危定倾的奇迹，以"勇而善谋""能屈能伸"著称于世。

■ 范蠡塑像

■ 勾践　姓姒，名勾践，又名菼执，
生卒年不详。大禹的后代。春秋末越
国国君，曾败于吴，屈服求和。后卧
薪尝胆，发愤图强，终成强国。前473
年灭吴。

前496年，吴国和越国发生了战争，吴王阖闾阵亡，因此两国结怨，连年战乱不休。阖闾之子夫差为报父仇与越国在夫椒决战，越王勾践大败。

范蠡就是在勾践穷途末路之际投奔越国的。

范蠡向勾践慨述"越必兴、吴必败"的断言，建议勾践要放下尊严，亲自为吴王服务，以便慢慢图谋转机。范蠡被勾践拜为上大夫后，他陪同勾践夫妇在吴国为奴3年。3年后归国，范蠡开始拟订兴越灭吴的计划。

为了实施灭吴战略，范蠡首先决定以美女麻痹吴王。他亲自跋山涉水，访到巾帼奇女西施，把她献给吴王，从而完成了灭吴战略的第一步。

范蠡灭吴战略的第二步，是加强越国的军队建设。他的军事宗旨：

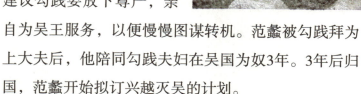

强则戒骄逸，处安有备；弱则暗图强，待机而动；用兵善乘虚蹈隙，出奇制胜。

阖闾（？—前496），姓姬名光。始祖为周文王伯父太伯、仲雍之后裔。吴国国君。阖闾执政时国势日益强盛。后在孙武、伍子胥率领下，从淮河流域西攻到汉水，五战五胜，攻克楚之郢都，逼得楚昭王出逃。

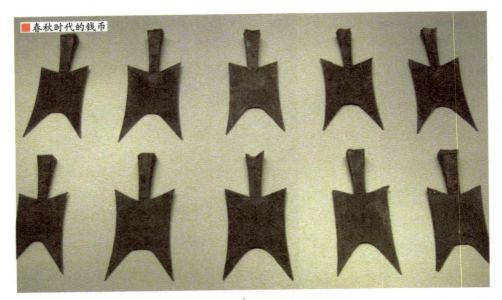
■春秋时代的钱币

千古贤臣与爱国爱民

范蠡辅佐越王勾践20余年，苦身戮力，终于灭吴，成就了越王霸业。当上了霸主的越王勾践，拜灭吴功臣范蠡为上将军。

范蠡很了解勾践，知道勾践是一个可共患难而不能共富贵的人。经过深思熟虑，范蠡还是决定离开。

于是，他给另一个灭吴功臣文种写了一封信说：

> 高鸟已散，良弓将藏；狡兔已尽，良犬就烹。夫越王为人，长颈鸟喙，鹰视狼步，可与共患难而不可与其处乐，子若不去，将害于子。

留下这封信后，范蠡离开了越国。文种不信范蠡的话，最后终成勾践的剑下之鬼。当然这是题外话。

范蠡离开越国后到了齐国，他更名改姓，耕于海畔，没有几年就积产数十万。齐国人仰慕他的贤能，请他做宰相。范蠡却归还了宰相印，将家财分给他的乡邻，再次隐去。

范蠡来到陶地，看到此地为贸易的要道，可以据此致富。于是，他自称陶朱公，留在此地，根据时机进行物品贸易，时间不长，就累积万万。

范蠡发了大财，却把金钱看得很淡薄。

有一次，他的次子因杀人被楚国囚禁，他就派长子带上一牛车的黄金前去探视。

尽管他后来得知次子已经被杀，但还是告诉长子把整车黄金分给楚国百姓。他还把钱财都分散给陶地的穷人和朋友。范蠡能发家致富，又能散财，在人们心目中是难得的活财神。

范蠡作为杰出的政治家和实业家，他在实践当中总结了许多宝贵的经验。他认为：

文种（？—前472），也称作文仲，字会、少禽，春秋末期楚之郢，即今湖北江陵附近人。越王勾践的谋臣。春秋末期著名的谋略家。在勾践灭吴的过程中立下赫赫功劳，但他自恃功高，为勾践所不容，最后受赐剑自刎而死。

谷物价格太贱则损害农民利益，农民受损害不努力生产，农田就会荒废。

谷物价格太高则会损害工商业者的利

■ 文仲墓

范蠡铜像

益，工商业受损害无人从事工商业，就会使经济发生困难。

谷价如果低至20就会损害农民，谷价如高至90就会损害工商业。如果把谷价限制在不低于30，不高于80的幅度内，就会对农业和工商业都有利。

如能这样平抑物价，关卡、市场都不匮乏，这是治理国家的办法。

范蠡的理财思想既可以促进农业发展，又有利于工商业的发展，使国民经济各部门能够协调发展。范蠡试图通过调整价格促进生产和流通的方法，非常符合经济发展规律。范蠡不愧是我国古代治国理财的杰出人物。

阅读链接

范蠡与西施的爱情故事，在我国可谓家喻户晓，尽人皆知。蠡湖之名，就是民国时无锡人根据范蠡和西施的传说而改名的。蠡湖，原名五里湖，是太湖的内湖。早在2400多年前的春秋战国时期，越国大夫范蠡助越灭吴后，功成身退，与西施曾在此逗留。

相传范蠡曾在蠡湖泛舟养鱼并著《养鱼经》一书。本书现存共 400余字，以问答形式记载了鱼池构造以及密养、留种增殖等养鲤方法，是我国养鱼史上值得重视的珍贵文献。

宰相的典范子产

子产（？—前522），名姬侨，字子产，又字子美，世称公孙侨、郑子产。生于春秋后期的郑国，即今河南省新郑市。著名的政治家和思想家。

他的政治主张在当时的郑国，发挥了极其重要的作用，在我国的历史上也影响深远。后世对其评价甚高，将他视为我国历史上宰相的典范。子产没有著述传世，他的言行事迹，主要载于《左传》《史记》等书籍。

■ 孔子最尊敬的人之一子产画像

郑简公 即姬嘉。郑国第十六任君主郑厘公，即姬恽的儿子。郑简公是春秋诸侯国郑国君主之一，郑国第十七任君主，在位36年。在我国古时候的帝王，有三位都被称为郑简公，战国时期的鲁元公和西汉时期第一代周子南君国的国君也都被称为郑简公。

子产在公元前554年被郑简公立为卿，执掌郑国国政，是当时最负盛名的政治家。

子产的治国功绩主要体现在法律上，他做了两项重要的工作，一是公布成文法；二是提出"宽猛相济"的策略。

前536年，子产把自己所制定的成文法铸在鼎器上，开创了古代公布成文法的先例。成文法是子产根据法定程序制定发布的具体系统的法律文件。

子产在历史上第一次公布了成文法，让普通百姓也能了解到法律的具体条款，这实际上就否定了法律的神秘性，其意义是显而易见的。

"宽猛相济"是子产提出的法律实施策略。"宽"强调道德教化和怀柔；"猛"强调严刑峻法和暴力镇压。

■ 西周大克鼎

后来，儒家主要继承和发展了"宽"的思想，法家主要继承和发展了"猛"的思想。由此可见其影响。子产的宽政在郑国收到了很好的效果。

在当时，郑国人到乡校议论执政者施政措施的好坏，对于这种情况，郑国大夫对子产说把乡校毁了。

但子产说："人们早晚干完活儿回来到这里聚一下，议论一下施政措施的好坏。他们

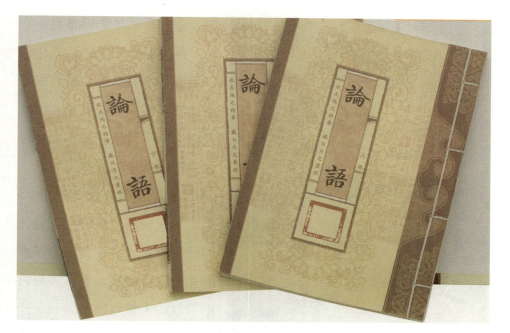

喜欢的，我们就推行；他们讨厌的，我们就改正。这
是我们的老师，所以不同意毁掉它。"

■《论语》

　　子产主张借助乡校让老百姓无所顾忌、畅所欲言
地议论统治者。当时郑国大夫对子产的见解很是佩
服。就连同时代的孔子知道了子产的这番话，也佩服
子产的气魄和胸襟。

　　子产也注重"猛"的一面。他曾经对子太叔阐述
自己的观点：只有道德高尚的人能够用宽厚的政策使
民众服从，其次的政策没有比严厉更有效的了。

　　如火势猛烈，人们望见它就害怕，所以很少有人
死于火。水性柔弱，民众亲近并和它嬉戏玩弄，所以
死于水的人就很多，因此宽厚的政策，实施的难度
要大。

　　子太叔开始时不忍采用严厉的政策，结果郑国出
现了很多盗寇。他后悔没听子产的话，于是改变策

乡校 古代地方学
校。《左传·襄
公三十一年》：
"郑人游于乡校
以论执政。"杜
预注："乡校，
乡之学校……郑
国谓学为校。"
乡校是古时乡间
的公共场所，所
以既是学校，又
是乡人聚会议事
的地方。

略，盗贼活动才得以平息。

据说，子产病故后，因他一贯廉洁奉公，家中没有积蓄为他办丧事，他的儿子和家人只得用筐子背土在新郑西南陉山顶上埋葬他的尸体。

消息传到郑国的臣民耳中，大家纷纷捐献珠宝玉器，帮助他的家人办理丧事。子产的儿子不肯接受，老百姓只好把捐献的大量财物，抛到子产封邑的这条河水中，来悼念这位值得敬仰的人。

珠宝在碧绿的河水中放射出绚丽的色彩，泛起金色的波澜，从此这条河被称为"金水河"，这就是现在郑州市的金水河。

阅读链接

《孟子·万章上》记载了这样一个故事。

大意是，有一个人送了条活鱼给子产，子产让小吏把鱼放进池子里。小吏却把鱼煮着吃掉了，却回来报告子产："我刚把鱼放在池子里，鱼就眨眼间钻进深水里不见了！"

子产听了，说："鱼儿得到好的去处了！"

小吏出来后对别人说："谁说子产聪明？我把鱼煮掉吃了，他却还说：'鱼儿得到好的去处了！'"

这个故事的意思是说，一个人虽然不易被不合理的说法所欺骗，但也可能被看似合理的说法所蒙蔽。

秦汉至隋唐是我国历史上的中古时期。

在这跨越数个朝代的历史阶段，出现了人类生产力发展的第一次高峰，其间的政治、经济和军事思想都得到了空前发展，日益成熟并不断制度化。

在这1100多年的历史长河中，涌现出了许多的贤臣良相，治世高人。他们变法图强、拯时救世，体恤民艰、轻徭薄赋，不计得失、冒死苦谏，立下了不朽的功勋，名扬千古，垂范后世。

千古忠良

千古一相李斯

李斯（前280—前208），又名李通古。生于战国末年的楚国上蔡，即今河南省上蔡西南。秦朝丞相，著名的政治家、文学家和书法家。因为他政治主张的实施对我国和世界都产生过十分深远的影响，奠定了我国2000多年政治制度的基本格局，被后世人们尊称为"千古一相"。

在司马迁所著《史记》中，设有《李斯列传》，是后来研究李斯事迹的最主要史料来源。

李斯散文后传有四篇，为《谏逐客书》《论督责书》《言赵高书》《狱中上书》，在后来很有影响性。

■ 被世人尊称为"千古一相"的李斯石像

■ 秦王嬴政（前259—前210），即秦始皇，姓嬴名政。秦庄襄王之子。我国历史上最伟大的政治家、改革家、战略家、军事统帅。首位完成统一的秦朝的开国皇帝。被明代思想家李贽誉为"千古一帝"。

李斯年轻时曾在楚国做过郡掌管文书的小吏，后来离开楚国，到当时学术气氛最浓的齐国投拜荀子为师，学习"帝王之术"。由于他读书认真，钻研精神很强，学业优良，成绩突出，所以很得老师荀子的赏识。

李斯学成之后，先投在秦国吕不韦的门下做舍人，后来为秦王嬴政所赏识，提拔他做长史。

李斯为秦王嬴政出谋献策，建议秦王嬴政派人持金玉珍宝出使各国，以便游说、收买、贿赂、离间六国的君臣，达到各个击破、逐一吞并的目的。秦王嬴政采纳并实施了了李斯的策略，收到了很好的效果。

于是，秦王嬴政重用李斯，提拔他为客卿。

正当李斯在仕途上一帆风顺，积极为秦消灭六国，统一天下，出谋献策，施展才华之际，六国中的一些有识之士也并不示弱，他们纷纷给自己的国王献计献策，或以武力对抗，或派出间谍到秦国，采取各种方法削弱秦的力量。

李斯中了反间计，秦王嬴政就下了一道逐客令，准备撵走身边的一些谋士。李斯也在被逐之列。

吕不韦（？—前235），卫国濮阳，也就是现在的河南省濮阳人。战国末期卫国著名商人，后为秦国丞相，政治家、思想家。他以"奇货可居"闻名于世。他组织门客编写了著名的《吕氏春秋》。他也是杂家思想的代表人物。

舍人 这里指古代官职名称。始见于《汉书·高帝纪》颜师古注说："舍人，亲近左右之通称也。"秦汉至明代之间宫中都设有舍人，如秦汉置太子舍人，魏晋有中书舍人。

■ 秦大将军王翦像

李斯有抱负，有智慧，也敢作敢为。

他不怕犯颜获罪，直接给秦王嬴政写了一封信，劝秦王嬴政不要逐客，这就是著名的《谏逐客书》。

《谏逐客书》实际上是李斯贡献给秦王嬴政的一份广招贤才强国，进而消灭六国统一天下的政见谋略书。

秦王嬴政是个有雄才大略的人，他看了李斯的《谏逐客书》后，明辨是非，果断地采纳了李斯的建议，立即取消了逐客令，再次重用李斯，提拔他为廷尉。

同时，秦王嬴政招揽了一大批贤将良才。如史书上著名的王崎、茅焦、尉缭、王翦、王贲、李信、王离、蒙恬等都是来自别国的客卿，他们在秦统一天下的事业中发挥了重要的作用。

李斯为秦王嬴政消灭六国、统一天下出谋献策，做出了很大贡献。秦朝统一天下后，秦王嬴政做了始皇帝，称秦始皇。李斯对统一后的秦帝国，如何巩固和加强中央集权统治，为秦始皇做了大量卓有成效的工作。

一是实行郡县制。

廷尉 古代的官名，秦置，为九卿之一。秦汉至北齐的主管司法的最高官吏。汉景帝时改名大理，武帝时恢复旧称，哀帝时又改为大理，东汉时复称廷尉。汉末复为大理。后又改称廷尉，后代沿袭未改，至北齐罢废。

秦国统一六国后，李斯提出实行郡县制，由中央集权，加强统一，这样才能天下安宁。秦始皇于是发布诏令，把全国分为36个郡，郡下设县。

郡县制的确立，加强了统一的封建国家的中央集权，推进了历史的发展。

二是统一文字。

公元前221年，秦始皇接受李斯"书同文字"的建议，命令全国禁用各诸侯国留下的古文字，命李斯制作标准字样，即小篆。紧接着，为了推广新制的文字小篆，李斯亲做《仓颉篇》7章，每4字为句，作为学习课本，供人临摹。

不久，李斯又采用秦代创造的一种书体，打破了篆书曲屈回环的形体结构，形成了隶书这一新的书体。从此，隶书便作为秦代官方正式书体。

三是统一度量衡。

李斯把度制以寸、尺、丈引为单位，采用十进制计数；量制则以合、升、斗、桶为单位，也采用十进制计算；衡制则以铢、两、斤、

隶书 是秦相李斯改造的字体，也叫"隶字""古书"。其特点是字形平直方扁，笔画有折无转，并有波挑。秦代的隶书叫作秦隶，也叫古隶，后来的汉代则为汉隶，也叫作今隶。秦代隶书的出现，是古代文字与书法的一大变革。

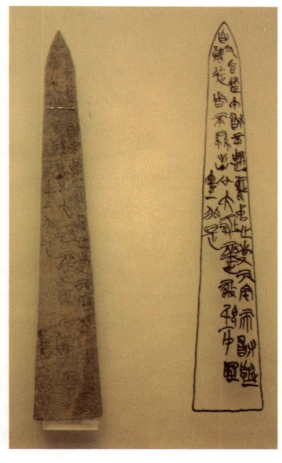

■ 小篆 秦相李斯发明的字体，又称秦篆。其特点是字形长方，笔画横平竖直，平衡对称，上紧下松。除了小篆，包含甲骨文、金文，被统称为汉字的古文字，都具有相当重要的影响。

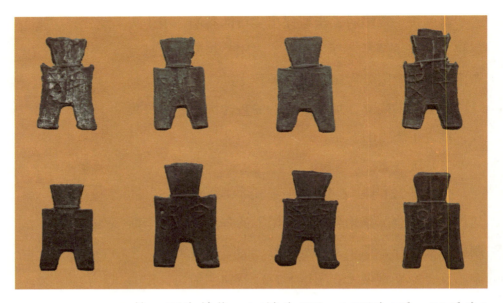

千古忠良

千古贤臣与爱国爱民

■ 秦朝布币

钩、石为单位，24铢为1两，16两为1斤，30斤为1钩，4钩为1石固定下来。

为了有效地统一制式、划一器具，李斯又从制度上和法律上采取措施，以保证度量衡的精确实施。

四是修驰道、车同轨。

李斯以京师咸阳为中心，陆续修建了两条驰道，一条向东通到过去的燕、齐地区，一条向南，直达吴楚旧地。这种驰道路基坚固，宽50步，道旁每隔三丈种青松一棵。

后又修筑"直道"，由九原郡直达咸阳，全900千米。又在今云南、贵州地区修筑"五尺道"，以便利中原和西南地区的交通。在湖南、江西一带，修筑攀越五岭的"新道"，便利通向两个地区的交通。

就这样，一个以咸阳为中心的四通八达的交通网把全国各地联系在一起。同时，为与道路配套，李斯还规定车轨的统一宽度为6尺，以此保证车辆的畅行

胡亥（前230—前207），即秦二世，嬴姓，名胡亥。秦始皇第十八子，公子扶苏的弟弟。秦二世即位后实行残暴的统治，终于激起了陈胜、吴广起义，六国旧贵族复国运动。后被赵高的心腹阎乐杀死。

无阻。

五是统一货币。

在李斯的主持下，货币规定了以黄金为上币，以镒为单位，每镒重24两，以铜半两钱为下币，1万铜钱折合1镒黄金。并严令珠玉、龟、贝、银、锡之类作为装饰品和宝藏，不得当作货币流通。

同时，规定货币的铸造权归国家所有，私人不得铸币，违者定罪等。李斯此举被后人认为是经济史上的一个创举。"秦半两"因其造型设计合理，使用携带方便，一直使用至清朝末年。

至此，李斯在他辅佐秦始皇匡扶天下的过程当中，完成了他最后一个使命。

公元前208年7月，李斯因为在秦始皇驾崩后与宦官赵高合谋立少子胡亥为二世皇帝，后为赵高所忌，被腰斩于市。

纵观李斯在秦统一天下前后的作为，几乎每干一件大事都能产生影响千年的效果，并影响后代。我国几千年的历史当中，名相重臣比比皆是，但大多不过功在当朝，时过则境迁，相比之下，李斯可以说是建立了累世之功。

阅读链接

司马迁在《史记·李斯列传》中记载了这样一件事：

有一次，李斯在厕所见到老鼠吃粪便，一见到人和狗，老鼠就被吓跑了。后来，李斯在仓库里看到老鼠很自在地偷吃粮食，也没有人去管。

于是，他发出了这样的感慨：一个人要想在社会上出人头地，就应该像在粮库里偷吃粮食的老鼠，才能为所欲为，尽情享受。

可以看出，在战国时期人人争名逐利的情况下，李斯也是不甘寂寞的。后来，他终于在秦国受到秦始皇的重用，干出了一番事业。

变法革新的商鞅

■ 商鞅雕像

商鞅（前395—前338），又称为卫鞅、公孙鞅。他生于战国时期的卫国，即今河南省安阳市黄梁庄镇一带。战国时期政治家和思想家、先秦法家代表人物。

他应秦孝公求贤令入秦，说服秦孝公变法图强。孝公死后，被贵族诬害，车裂而死。

商鞅通过变法，使秦国的国力得到了更进一步的加强，为后来秦国统一六国奠定了坚实的基础。

商鞅是卫国王室中人，他年轻时就喜欢钻研以法治国的学问，但因为是庶出身份，一直未得到重用。

后来，秦国的新君秦孝公即位后，宣布了一道命令：不论是秦国人或者外来的客人，谁要是能想办法使秦国富强起来的，就封他做大官。

秦孝公这样一号召，果然吸引了不少有才干的人。商鞅在卫国得不到重用，就到了秦国，并受到秦孝公的接见。

■ 秦代陶俑

商鞅对秦孝公说："一个国家要富强，必须注意农业，奖励将士。要打算把国家治好，必须有赏有罚。有赏有罚，朝廷有了威信，一切改革也就容易进行了。"

秦孝公完全同意商鞅的主张，就拜商鞅为左庶长。秦孝公还说："从今天起，改革制度的事，就全由左庶长来决定。"

公元前356年，商鞅实行了第一次变法。这次变法包括以下内容：

一是颁布法律，制定连坐法。

商鞅把李悝制定的《法经》带到了秦国，加以公

庶出 在封建宗法制度下，姬妾或者非正妻的嫔妃所生的孩子叫庶出。无论表现在家族、社会还是死后的待遇上，姬妾的地位与正妻、平妻、侧妻有云泥之隔。清朝以后该制度渐渐不复存在。

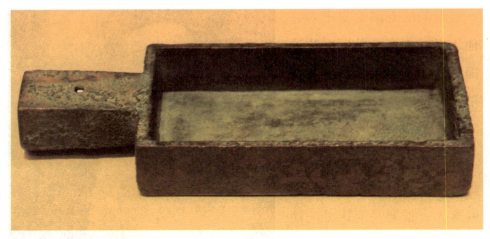

■ 商鞅青铜方升

布实行。并把"法"改为"律",增加了连坐法,从而把秦献公的时候实行的什伍制变成相互监督纠发的连坐制。

二是奖励军功。

商鞅规定国家的爵位按将士在战场上斩获敌人首级的多少来计算。斩得敌人甲士首级一颗的,赏给爵一级。如升至第十级"五大夫"时,赏赐给300户人家的税地。爵位在五大夫以上,除享有600户人家的租税供他食用外,还有权收养宾客。

同时规定,没有军功不能获得爵位,即不能靠出身就获得爵位,享受特权。这就严重打击了旧贵族的势力。

三是发展农业生产。

商鞅规定:凡是一家有两个以上的成年男子,必须分家,各立户头,否则就要出加倍的赋税和劳役,以巩固和发展封建生产关系。把大家庭分割成小家庭,成为户头的成年男子就不能再在大家庭的掩护下,游手好闲。

咸阳 咸阳位于关中平原中部,渭河北岸,九嵕山之南,因山南水北俱为阳,故名咸阳。秦始皇统一全国后,咸阳成为全国政治经济交通和文化中心,设郡县,在咸阳周边京畿要地置内史,统辖关中各县。

大良造 又称为大上造。秦孝公时期为秦国国内最高官职,掌握军政大权。秦惠周文王之后为爵名,位列20等军功爵制第十六位。秦国一些立有军功者或名臣都获封大良造,如商鞅、公孙衍、白起等。

另外，商鞅招揽地少人多的韩、赵、魏三国百姓来秦国垦荒，为此他制定优待"徕民"的政策。

四是建立郡县制。

由国君直接派官吏治理，以加强中央集权。商鞅的第一次变法，使秦国的农业生产增加了，军事力量也强大了。由于第一次变法的成功，商鞅由左庶长升为大良造。

公元前350年，商鞅实行了第二次改革。这次变法包括以下内容：

一是废井田，开阡陌。

秦国把这些宽阔的阡陌铲平，也种上庄稼，还把以前作为划分疆界用的土堆、荒地、树林、沟地等，也开垦起来。谁开垦荒地，就归谁所有。土地可以买卖。

秦兵马俑

二是建立县的组织。

把市镇和乡村合并起来，组织成县，由国家派官吏直接管理。这样，中央政权的权力更集中了。

三是迁都咸阳。

为了便于向东发展，把国都从原来的雍城迁移到渭河北面的咸阳。

秦国通过商鞅的两次变法，变得越来越富强了。周天子打发使者送祭肉来给秦孝公，封他为方伯，中原的诸侯国也纷纷向秦国道贺。

商鞅不仅有突出的政治才干，还在军事上进行变法。实行军功爵制度，严肃军纪，实行什伍制度，废除了世卿世禄制，提高了军队战斗力。

商鞅变法对秦国产生了巨大的响应。通过变法，不仅培养了一支有战斗力的军队，为国家实力提供了保证，还用法律的形式从根本上确立了封建土地私有制，提高了人民的生产积极性。这些变法措施，对后来秦的统一和秦始皇的政策影响深远。

阅读链接

商鞅在变法之初，为了取信于民，就先在城门竖了一根3丈高的木头，说把这根木头扛到北门者就赏给10两金子。

大伙儿互相瞧瞧，就是没有一个敢上去扛木头的。商鞅把赏金提到50两，仍旧没人敢去扛。

这时，人群中有一个人下了决心跑出来，说："我来试试。"他说着，把木头扛起来就走，一直搬到北门。商鞅立刻派人赏给扛木头的人50两黄金，一分也没少。

这件事立即传了开来，一下子轰动了秦国。老百姓说："左庶长的命令不含糊。"

济世贤相萧何

萧何（前257—前193），生于西汉泗水郡丰邑县中阳里，即后来的江苏省丰县。汉朝初年丞相，政治家。谥号"文终侯"。他采撷秦六法，重新制定律令制度，作为《九章律》。在法律思想上，主张无为，喜好黄老之术。

他辅助汉高祖刘邦建立了汉政权，其后又根据秦律制定了汉律，即《九章律》，为东汉政权的建立与巩固立下了不朽功勋。

与张良、韩信并称为"汉初三杰"，萧何位居其首。

■ 广为传颂的萧何画像

■ 刘邦（前256—前195），字季。汉朝开国皇帝，在位8年。谥号"高皇帝"。我国历史上杰出的政治家、战略家。汉民族和汉文化伟大的开拓者，对汉民族的发展，我国的统一强大做出了突出的贡献。

萧何年轻时在秦时的沛县做县里的狱吏。他性格随和，很善于识人，结交了许多好朋友。尤其是和其中的秦泗水亭长刘邦，感情更不一般。

刘邦做沛县亭长的时候，为县里押送一批农民去骊山修陵，结果途中大部分人都逃走了。刘邦自己度量，即使到了骊山也会按罪被杀。于是就躲了起来，藏到荒凉的芒砀山的深山老林中。

前209年7月，陈胜、吴广在大泽乡举起反秦的大旗，各地豪杰云集响应。此时做狱吏的萧何与曹参、樊哙等人时常聚会，密切注视着局势的发展。萧何设法让樊哙去芒砀山找回刘邦，打算共同起义。

刘邦从樊哙这里得知萧何意图后，立即率众奔沛县而来。来到沛县城下，刘邦在帛上写了一封告沛县父老书，用箭射入城内。

沛县百姓看了刘邦的信，就聚集起来攻入县衙，杀了县令，打开城门迎接刘邦。在萧何等人的力举下，刘邦做了沛县的县令。于是，他们便在县衙大堂举行了仪式，誓师起事，并按楚国旧制，称刘邦为

曹参（？—前190），字敬伯。泗水沛，即今江苏省沛县人。西汉开国功臣，名将，是继萧何后的汉代第二位相国。刘邦称帝后，对有功之臣，论功行赏，曹参功居第二，赐爵平阳侯，汉惠帝时官至丞相，一遵萧何约束，有"萧规曹随"之称。

"沛公"。

刘邦这才深知萧何真心拥戴自己，内心十分感激。从此，萧何紧随刘邦南征北战立下了盖世的功勋。

前208年9月，项梁叔侄杀了会稽郡守殷通，举起义旗。不久，便召集了20余万兵马，并与刘邦所部会于薛城。

众将约定：项羽从北路向西攻秦，刘邦从南路西进向关中进发，两路人马在击败秦军后，谁先入秦都咸阳谁当关中王。

刘邦率军勇往直前，凭靠张良等人的谋划，避实就虚，剿抚并用，一路夺关斩将，直抵关中。萧何身为丞督，则坐镇地方，督办军队的后勤供应。

前206年10月，刘邦率大军兵临咸阳城。秦王子婴设计杀了奸相赵高，献出玉玺，向刘邦投降。于是，起义大军开进了咸阳城。

将士们见秦都宫殿巍峨，街市繁华，顿时忘乎所以，纷纷乘乱抢掠金银财物。

萧何进入咸阳后，一不贪恋金银财物，二不迷恋美女，

■ 项羽（前232—前202），秦末起义军领袖、西楚王朝的建立者，著名军事家、"勇战派"的代表人物，是力能扛鼎、气压万夫的一代英雄豪杰。在大泽乡起义不久，项羽同叔父项梁在会稽郡斩杀郡守之后便迅速崛起，举兵反秦。后在垓下被刘邦打败，自刎于乌江边。

汉武士像

而是急如星火地赶往秦丞相御史府，并派士兵迅速包围丞相御史府，不准任何人出入。然后，他让忠实可靠的人将秦朝有关国家户籍、地形、法令等图书档案一一进行清查，分门别类，登记造册，统统收藏起来，留待日后查用。

萧何做官多年，他知道，依据秦朝的典制，丞相辅佐天子，处理国家大事；御史大夫对外监督各郡御史，对内接受公卿奏事。除了军权外，丞相和御史大夫几乎总揽一切朝政。

萧何收藏的这些秦朝的律令图书档案，使刘邦对天下的关塞险要、户口多寡、强弱形势、风俗民情等了如指掌。

对萧何的做法，刘邦很是佩服，遂拜丞相萧何为相国，加封5000户，并派兵卒500人为萧何贴身侍卫。

刘邦率先攻入咸阳后不久，项羽也率军入关，并自封为西楚霸王，占有梁楚东部9个郡，建都彭城，即现在的江苏徐州。并背弃原来的约定，改立刘邦为汉王，辖治荒远偏僻的巴、蜀、汉中之地，建都南郑。

为了阻止刘邦东进，项羽又把关中地区一分为三，分封给了3个秦朝降将。

刘邦看出了项羽的险恶用心，憋了一肚子气，有心与项羽决一死

千古忠良

千古贤臣与爱国爱民

战，怎奈势单力薄，实难取胜。只好采纳萧何、张良等人的建议，隐忍入蜀，休兵养士，广招人才，待机再与项羽争个高低。

刘邦按张良的计谋，偃旗息鼓，人不解甲，马不停蹄，急匆匆地向巴蜀进发。一路上，许多来自其他诸侯王军中的兵士自愿投到刘邦的旗下。

韩信就是在这个时候从楚营中逃出，投奔刘邦的。韩信在楚汉战争中，率汉军渡陈仓，战荥阳，破魏平赵，收燕伐齐，连战连胜，在垓下设十面埋伏，一举将项羽全军歼灭，为刘邦平定了天下。

前206年8月，刘邦采纳张良、韩信所献的"明修栈道，暗度陈仓"之计，挥师东进，留下萧何负责征收巴蜀之税，供给军粮。

汉军将士入蜀后，思念家乡，东归之心甚切，一旦东归，个个如猛虎下山，奋勇争先，直杀得雍王章邯的兵马丢盔卸甲，落荒而逃。汉军一路势如破竹，不到一个月便占据了三秦之地。

刘邦令萧何坐镇关中，安抚百姓，同时负责兵员和粮饷的筹措与补给，自己则率大队人马浩浩荡荡地向彭城进发。

■ 韩信 （前231—前196），淮阴，即今江苏省淮安人，西汉开国功臣，我国历史上杰出的军事家，与萧何、张良并列为"汉初三杰"。后遭刘邦的疑忌，以谋反罪处死。韩信是我国军事思想"谋战"派代表人物。

三秦 指潼关以西的秦朝故地陕西，即在长安附近关中一带。这里是秦国的发源地。因为陕西是春秋战国时秦国治地，故后人将陕西简称"秦"；将横贯陕西中部的主要山脉称"秦岭"；将渭河平原称"秦川"。

由于几经战事，这时的关中已是满目疮痍，残破不堪，秦都咸阳被项羽放火烧了3个月，已成一片瓦砾。萧何留守关中后，马上安抚百姓，恢复生产，全力收拾关中的残破局面。

萧何一方面重新建立已经散乱的统治秩序；另一方面对百姓施以恩惠，以定民心。他不仅颁布实施新法，重新建立汉的统治秩序和统治机构，修建宫廷、县城等。另外又开放了原来秦朝的皇家苑囿园地，让百姓耕种，赐给百姓爵位，减免租税等。

他还让百姓自行推举年龄在50岁以上、有德行、能做表率的人，任命他们为"三老"，每乡一人；再选各乡里的三老为县三老，辅佐县令，教化民众，同

■ 东汉青铜器马踏飞燕

■ 霸王别姬蜡像

时免去他们的徭役，并在每年的年末赐给他们酒肉。

由于萧何办事精明，施政有方，颁布利民法令，关中的农业生产迅速得到恢复，建立了稳固的后方，保障了前线的需要。

前203年，项羽由于连年战争，陷入了兵尽粮绝的困境。而此时，萧何坐镇关中，征发兵卒，运送粮草，供应汉军，补足汉军缺额。刘邦也因此得以重新振作，多次转危为安，并逐渐形成了兵强粮多的好形势。后来，刘邦越战越强，终于逼得项羽兵败垓下，自刎乌江。

消灭项羽、平定楚地后，诸侯联名上《劝进表》给刘邦，推举他为皇帝。刘邦论功行赏，最后定萧何为首功，封他的食邑也最多。

很多功臣因此愤愤不平，说他们都身经百战，而

垓下 古地名，位于现在安徽省灵璧县东南。垓下古战场俗称霸王遗址，现在叫作霸王城，当年的垓下古战场位于安徽省宿州市灵璧县城东南沱河北岸的韦集镇垓下村一带，现在的垓下村就是2000多年前的霸王古城。

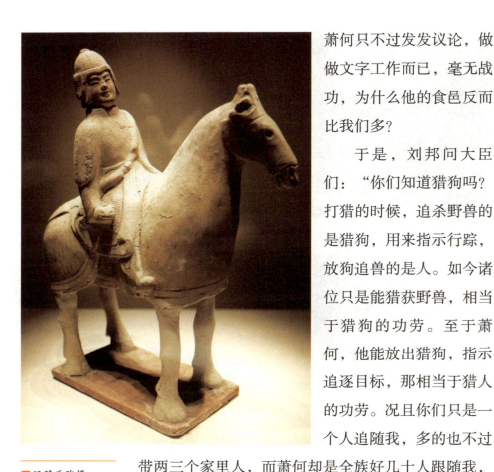
■ 汉骑兵陶俑

萧何只不过发发议论，做做文字工作而已，毫无战功，为什么他的食邑反而比我们多？

于是，刘邦问大臣们："你们知道猎狗吗？打猎的时候，追杀野兽的是猎狗，用来指示行踪，放狗追兽的是人。如今诸位只是能猎获野兽，相当于猎狗的功劳。至于萧何，他能放出猎狗，指示追逐目标，那相当于猎人的功劳。况且你们只是一个人追随我，多的也不过带两三个家里人，而萧何却是全族好几十人跟随我，这些功劳怎么能抹杀呢？"

大家都无言可答。

行赏分封诸侯后，定都的问题又迫在眉睫。经过商议，最后决定定都咸阳。于是，刘邦暂居栎阳，命丞相萧何营建咸阳。

前199年，咸阳皇宫——未央宫竣工，萧何请御驾从栎阳到了咸阳。至此，西汉建都长安，历时200余年，萧何成为该城的最早规划和设计者。

前195年4月，汉高祖刘邦病逝于长乐宫，享年62岁。同年，太子刘盈即位，这就是汉惠帝。萧何继任

未央宫 西汉皇家宫殿，位于今陕西西安西北约3000米处，因在长乐宫之西，汉时称西宫。由于当年位于西汉都城长安城的西南部，命名很可能是位于未，即西南方的中央宫殿之意。

丞相。

不过这时，萧何年事已高。其间，萧何参照秦法，摘取其中合乎当时社会情况的内容，制定了律法共9章。这是汉朝制作律令的开端。《汉律九章》删除了秦法的苛繁、严酷，使法令更为明简。

中古时期

千古忠良

山西平遥县衙供奉的酂侯像即萧何

前193年，年迈的相国萧何，由于常年为汉室操劳，终于卧病不起。病危之际，再一次向汉惠帝献计献策，举荐曹参为相。曹参继任丞相后，遵照萧何制定好的法规治理国家，使西汉政治稳定、经济发展，人民生活日渐提高。

阅读链接

秦末农民战争中，韩信仗剑投奔项羽，并曾多次向他献计，始终不被采纳，于是离开项羽前去投奔了刘邦。萧何与韩信多次谈论后，发现韩信是个奇才。

但韩信思量自己难受重用，就在中途离去，被萧何发现后连夜追回。此时，刘邦正准备收复关中。萧何就向刘邦推荐韩信，称他是争夺天下不能缺少的大将之才，应重用韩信。

刘邦采纳萧何建议，7月，选择吉日，斋戒，设坛场，拜韩信为大将。从此，刘邦文依萧何，武靠韩信，举兵东向，争夺天下。

轻徭薄赋的霍光

霍光（？—前68），字子孟。生于西汉河东平阳，即后来的山西省临汾市。霍光跟随汉武帝刘彻近30多年，在这一时期，他受到了汉武帝的极大信任，是武帝时期的最重要的谋臣。

汉武帝死后，他受命为汉昭帝的辅政大臣，执掌汉室最高权力近20年，为汉室的安定和中兴建立了功勋，成为西汉历史发展中的重要政治人物。麒麟阁十一功臣第一。

■ 不负托孤之命的霍光画像

霍光是西汉著名将领霍去病的同父异母之弟。前
119年，霍去病以骠骑将军之职率兵出击匈奴，得胜
还京时，将霍光带至京都长安，将其安置在了自己的
帐下。

两年后，霍去病去世，霍光做了汉武帝的奉车都
尉，享受光禄大夫待遇，负责保卫汉武帝的安全。

公元前87年春，汉武帝去世，临终前立刘弗陵为
太子。霍光正式接受汉武帝的遗诏，被封为大司马大
将军，成为汉昭帝刘弗陵的辅命大臣，与御史大夫等
人共同辅佐朝政。从此，霍光掌握了汉朝政府的最高
权力。

当年汉武帝时实施的盐铁官营、酒榷均输等经济
政策，是在反击匈奴、财政空虚的情况下实行的。

■ 霍去病（前140—前117），河东郡平阳县，即今山西省临汾西南人。我国西汉武帝时期的杰出军事家，是名将卫青的外甥，任大司马骠骑将军。好骑射，善于长途奔袭。多次率军与匈奴交战，也留下了登狼居胥山筑坛祭天以告成功的佳话。

但这一政策的实行，使一部分财富集中于大官僚、大地主及大商人手中，使得中小地主和一般百姓的生活日趋贫困。

为了减轻徭役，减少赋税，霍光在汉昭帝即位之初，就围绕是否改变盐铁官营、酒榷均输等经济政策，展开了不懈的工作。

公元前86年12月，霍光派遣当时的廷尉王平等5人出行郡国，察举贤良，访问民间疾苦、冤案难以及失去职业的人，为召开盐铁会议做准备。

公元前81年2月，霍光将郡国所举的贤良人等接入京城，正式召开盐铁会议。会议围绕坚持还是罢废盐铁官营、酒榷均输问题展开的辩论，涉及各个方面，包括对待匈奴、国内的治理等重大问题，实际上是对汉武帝时期政治、经济的总评价，也是汉昭帝实施新的政策前的一次大讨论。

经过这场讨论，由汉昭帝下令，在这年的7月，废除了盐铁官营、酒榷均输等政策。这就从根本上抑制了大地主、大商人的利益，在一定程度上缓和了社会矛盾，调整了阶级关系，从而使汉朝的经济走上了恢复发展的道路。

■汉代青铜印

霍光实施的新政，极大地减轻了人民的负担，调动了生产积极性，为汉朝的巩固，为社会的安定和发展奠定了基础。后来汉昭帝去世时，汉朝的政局曾一度发生混乱，但由于它的政治基础比较稳固，政局在短暂的混乱之后很快就平静下来。

汉昭帝21岁时得病去世，

■ 汉代舞蹈俑

他没有子嗣。霍光听了别人的意见，把汉武帝的一个孙子、昌邑王刘贺立为皇帝。

刘贺原是个浪荡子，跟随他的200多个亲信，天天陪着他吃喝玩乐，即位才27天，就做了很多不该做的事，把皇宫闹得乌烟瘴气。

霍光和大臣们一商量，联名上疏，请皇太后下诏，把刘贺废了，另立汉武帝的曾孙刘询，就是汉宣帝。事实证明，霍光选择了汉宣帝，才使得汉朝保持了兴旺的局面。

汉宣帝即位后，霍光继续辅佐朝政。他更加注意自身的政治修养，注意以儒学经术约束自己。他的一举一动，都有一定规矩，都要合于礼法。

他重视贤良的作用，从思想意识上来说，也是受到了儒家思想的影响的。

前68年，霍光去世了。汉宣帝及皇太后亲自到霍

刘询（前91—前48），即汉宣帝。本名刘病已，字次卿，西汉第十位皇帝。汉武帝刘彻嫡曾孙、庚太子刘据孙。刘询少遭不幸，流落于民间，察知民间疾苦，即位之后，躬行节俭，多次下令节省开支，改革吏治，稳定社会局势。为政励精图治，史称"中兴"。

汉代金饼

光的灵前祭奠。大夫任宣与侍御史等人奉命来为霍光护丧。朝中凡是俸禄在2000石以上的官员，也都奉命到霍光家中去祭拜。

朝廷又赐给霍光大批的金钱、锦缎、葬器，其中还包括规格甚高的玉衣、梓宫、便房和"黄肠题凑"等。汉宣帝以极为奢华的方式安葬了霍光，并追谥他为宣成侯。后来，又将他列入"麒麟阁十一功臣"，排名第一。

阅读链接

据《汉书·霍光金日磾传》记载：霍光身高达7尺3寸，皮肤白皙，眉、眼阔分，须髯很美。他为人沉着冷静、细致慎重，每次从下殿门进出，停顿、前进有固定的地方，郎仆射暗中做了标记一看，结果尺寸丝毫不差。

霍光辅佐幼主时，政局存在隐患。

有一天，霍光招来掌管帝王符节、玉玺的郎官，想察看玉玺是否安在。郎官不肯交给霍光，并以手按着剑把说："臣子的头可以得到，国玺你不能得到！"

霍光很赞赏他的忠义。第二天，霍光提升这位郎官的官阶两级。

忠臣楷模诸葛亮

诸葛亮（181—234），字孔明，号卧龙或伏龙。生于三国时期的琅琊阳都，即今山东省临沂市沂南县。三国时期蜀汉丞相，杰出的政治家和军事家。代表作有《前出师表》《后出师表》《诫子书》等。

在世时被封为武乡侯，死后追谥"忠武侯"。后来东晋政权推崇诸葛亮军事才能，特追封他为武兴王。诸葛亮在后世受到极大尊崇，成为后世忠臣楷模，智慧化身。

■ 为匡扶蜀汉政权鞠躬尽瘁，死而后已的诸葛亮

乐毅 子姓，乐氏，名毅，字永霸。魏将乐羊后裔。中山灵寿，即今河北省灵寿西北人。战国后期杰出的军事家。他曾统率燕国等五国联军攻打齐国，创造了我国古代战争史上以弱胜强的著名战例。诸葛亮常常以乐毅自比，才能不在乐毅之下。

诸葛亮从小就失去了父母，跟随叔父到了襄阳。叔父去世后，诸葛亮和弟弟一起来到隆中卧龙岗，一边种田一边读书。年轻的诸葛亮博览群书，喜欢钻研学问，积累了丰富的知识。

他在隆中结交了不少渊博学者，经常同他们一起游玩、交谈。诸葛亮对自己的能力非常自信，常自比历史上的杰出政治家管仲、乐毅，渴望在当时群雄割据的局面中施展才华。

诸葛亮27岁那年，遇到了刘备。诸葛亮向刘备提出了先在荆州立足，再占益州，和孙吴及南方蛮夷结盟，抗拒曹操的战略方针，这就是有名的隆中对。刘备听了诸葛亮的高论，为其才智所折服，便请诸葛亮出山辅佐自己。诸葛亮离开隆中，做了刘备的军师。

公元208年，曹操率大军南下，准备统一南方。东吴孙权想联合刘备共同抗击曹操，诸葛亮很高兴，就去了东吴。

东吴阵营中有主战派，也有主降派，诸葛亮当着东吴孙权的面舌战群儒，用激

■ 刘备（161—223），即蜀汉昭烈帝，字玄德。涿郡涿县，即今河北省涿州人，汉中山靖王刘胜的后代，三国时期蜀汉开国皇帝。谥号"昭烈帝"，庙号烈祖，史家又称他为先主。他为人谦和、礼贤下士，素以仁德为世人称赞，是三国时期著名的政治家。

将法，使孙权下决心抗击曹操，结成了孙刘联盟。

在接下来的赤壁之战中，孙刘联军利用火攻大败曹军，这一仗为刘备在南方立足和后来三分天下奠定了基础。

赤壁之战后，诸葛亮帮刘备取得了荆州。后来，他又帮助刘备取得了益州。

公元221年，刘备在成都称帝，建立了蜀国，诸葛亮做了丞相。每当刘备出兵征伐时，诸葛亮便负责镇守成都，为刘备足食足兵，如汉中之战就替刘备提供了资援。

木牛流马的仿制品

诸葛亮在汉中休士劝农期间，充分利用了这里优厚的经济条件，因地制宜地采取了一系列发展生产的得力措施，使刘备北伐的军资，基本上就地就得到了解决。

他休士劝农，实行军屯，使汉中重新得到发展，逐步达到人多、粮多的良性循环，使百姓"安其居，乐其业"。

此外，诸葛亮亲自考察后修筑的"山河堰"等水利工程，至今还是汉中地区灌溉面积最大的水利工程。据说山河堰可以灌溉农田4.6万亩。诸葛亮时修筑的一些堰渠经历代使用维修，一直沿用至今。

孙权 （182—252），字仲谋。祖籍吴郡富春，即今浙江富阳，生于下邳，即现江苏省徐州睢宁西北。三国时期吴国开国皇帝，在位23年。谥号"大皇帝"，庙号太祖。他仁贤用能、挽救了江东危局，保住了父兄基业，并使吴国的领土面积大大增加。

■ 孟获 是中国三国时期南中一带少数民族的首领，曾经起兵反叛蜀汉，后来被诸葛亮七擒七纵并降服。《三国志》本传中并未记载孟获其人，他的相关事迹仅在《汉晋春秋》和《襄阳记》等史籍中有记载，小说《三国演义》中也对"七擒孟获"的故事进行了详细的描述。

这些事实说明，汉中盆地古代农田水利设施至今所产生的实际效用和不断改进利用，与诸葛亮当年在汉中休士劝农时，开拓农田、兴修水利、发展生产的丰功伟绩是分不开的。

建蜀初年，蜀国南部少数民族发生叛乱。诸葛亮亲自率兵南征，去平定叛乱。诸葛亮善于用兵，七次擒获叛王孟获，但他每次都放了孟获，最后使孟获心悦诚服，安心归蜀。

诸葛亮不仅军功卓著、治国有方，他的艺术造诣也是很高的。

诸葛亮喜爱书法，在青少年时代就进行过刻苦的训练，能写多种字体，篆书、八分书、草书都写得很出色。即使战事十分紧张频繁，他仍然不忘临池挥毫。他的很多书法作品被北宋皇宫内府所珍藏。

唐朝张彦远在《历代名画记》中写道：

诸葛武侯父子皆长于画。

张彦远记述当时一些近代画家，如阎立本、吴道子等人绘画作品的售价："屏风一片值金两万，坎者售一万五千，""一扇值金一万。"并说汉魏三国画家的作品，在唐代已是"有国有家之重宝"为世代之珍"。

从张彦远的记述中，可以大致看到诸葛亮在我国美术史上的历史地位和艺术成就。

诸葛亮精通音律，喜欢操琴吟唱，有很高的音乐修养。他既会吟唱，又善操琴，同时他还进行乐曲和歌词的创作，而且还会制作乐器，如制作七弦琴和石琴。不仅如此，他还写有一部音乐理论专著《琴经》。

诸葛亮的文章也写得非常好，《前出师表》《后出师表》《诫子书》等，千百年来一直广为传诵。

诸葛亮还有很多发明创造，如木牛流马、孔明灯、诸葛连弩、八阵图、孔明锁、木兽、地雷等，无不展示出他长于巧思的才艺。

诸葛亮一直没有忘记统一天下的愿望。

公元227年，诸葛亮向刘禅上了《出师表》，安排好内政，出兵北伐。蜀军进军顺利，后来由于派马谡守街亭，导致街亭失守，蜀军被迫撤回。为严明军纪，诸葛亮挥泪斩了马谡，并自贬三级。

公元234年，诸葛亮开始第六次北伐。

他率领10万大军，占据武

■ 刘禅（207—271），即蜀汉后主，字公嗣，又字升之，小名阿斗。刘备之子，母亲是昭烈皇后甘氏。三国时期蜀汉第二位皇帝，在位40年。谥号"怀皇帝"，庙号仁宗。263年蜀汉被曹魏所灭，刘禅投降曹魏，被封为安乐公。

司马懿画像

功，在五丈原扎营，与魏军在渭水两岸形成对峙局面。由于司马懿采取坚守的方针，在速战不成的情况下，诸葛亮令士兵屯田，准备长期坚持。

8月间，诸葛亮积劳成疾，病逝于五丈原军中，终年54岁。死后安葬在定军山。

诸葛亮临终时还留下退军密计，导演了一场"死诸葛吓退活司马"的好戏，使蜀军安全撤回。

诸葛亮的一生是奋斗的一生，真正做到了他所说的"鞠躬尽瘁，死而后已"！

阅读链接

我们现在所见的馒头，据说原来是指顶替用来祭祀的俘虏蛮夷的头，所以称为蛮头。后改用"曼"字，以避讳人祭的蛮头，再后来，加了"饣"旁成为现在的馒头。

话说诸葛亮平定孟获班师回朝，大军到了泸水却不能过河，因为按照习俗，需要拿49个蛮人的头来祭祀河神。

次日，诸葛亮用面粉合面，中间裹肉，做成了人头状，来顶替人头，用以祭祀。结果大军顺利地渡过了泸水。自那以后，人们在祭祀时，除了猪、牛、羊等祭品之外，又增加了馒头。

隋朝第一贤臣高颎

高颎（541—607），名敏，字昭玄。生于隋代渤海蓨，即今河北省景县东。隋朝杰出的政治家，著名的战略家和谋臣。隋朝开国元勋。他在宰相任上执政近达20年，很有政绩，做出了很大贡献。后来因为他反对废太子杨勇并得罪了独孤皇后，遭隋文帝猜忌，他被免官为民，不久后又免去齐国的公爵位，后又被杀害。

他在执政期间，对隋代的统一和发展做出了极其重要的历史贡献，推动了历史的发展，因此，他被誉为"隋朝第一贤臣"。

■ 被誉为"隋朝第一贤臣"的高颎画像

北周 是南北朝时期的北朝政权之一。由西魏权臣宇文泰奠定国基，由其子宇文觉正式建立。历经5帝共24年。556年，实际掌握西魏政权的宇文泰死后，长子宇文觉继任大冢宰，自称周公。次年初，他废西魏恭帝自立，即是孝闵帝，国号周，都长安，史称北周。

高颎从小生活在北周，17岁时，北周齐王宇文宪让他当记室，掌管章表书记文檄。周武帝时，他袭爵当武阳县伯，任内史上士，不久升任下大夫。

杨坚执掌北周大政时，素知高颎聪明能干，又善军事，有谋略，就任命高颎为相府司录，专职书写公文，并渐渐把他引为心腹。

580年，北周皇亲尉迟迥恐杨坚专权对北周不利，就公开起兵反对杨坚。杨坚令韦孝宽前往平叛，随后，又派高颎承担监军大任。

高颎到达前线后，下令在沁水架桥，准备发起进攻。一股叛军从上游放下火筏，企图焚桥，高颎命士卒在上游构筑水中障碍，名叫"土狗"，以阻火筏近桥。韦孝宽乘机擂鼓齐进。待全军渡毕，高颎又下令焚桥，以绝士卒反顾之心。

在邺城之战中，高颎机变百出。他指挥射手先射杀叛军的观战士民，造成混乱，然后高喊叛军已败，乘敌混乱奋力冲击，从而有力地配合了韦孝宽主力的进攻，大败尉迟迥军。

叛乱平定后，高颎更加得到杨坚的信任，进位柱国，改封义

■ 杨坚（541—604），鲜卑赐姓是普六茹，小名那罗延。汉太尉杨震十四世孙。隋朝开国皇帝。在位23年。谥号"文皇帝"，庙号高祖，尊号"圣人可汗"。他开创了辉煌的"开皇之治"，使得我国成为盛世之国。隋文帝时期也是人类历史上农耕文明的巅峰时期。

■ 繁华的洛阳

宁县公，迁相府司马，成为杨坚得力助手。

581年，总揽北周大权的大丞相杨坚废周立隋，是为隋文帝。同月，隋文帝拜高颎为尚书左仆射，进封渤海郡公，朝臣无人能比。

在这以后将近20年的时间里，高颎辅佐隋文帝，为隋朝在政治、经济、军事各方面做出了重要的贡献。在政治方面，高颎奉命与郑译、杨素等修订刑律，制定新律，奏请颁行。新律废除了枭首、轘身及鞭刑，减轻了徒刑，还取消了一些"楚毒备至"的讯囚酷法，如用大棒、束杖、车辐、鞵底、压踝之类。对旧律作了一定程度的改进。

582年，隋文帝认为长安自汉以来，屡经战乱，凋残日久。于是，在高颎等人的谋议下，决定在龙首原创建新都，以高颎领新都大监。当时高颎规划和实施的许多方案，为后来长安的繁荣，奠定了基础。

邺城之战 隋代平定叛军尉迟迥的战役，发生于580年8月。在这次战役中，韦孝宽在高颎的有力配合下，成功地打败相州总管尉迟迥的叛军。

柱国 古代官名。十六国时期，后燕慕容于384年始设，位在太尉之上。后来发展为最高军职，并有数人，分掌全国府兵。后因授人渐多，遂在其上置上柱国。

在经济方面，高颎建议采用制定各户等级和纳税标准的办法，规定每年正月初五，县令巡查，令百姓五党或三党为一团，根据标准定户等高低，重新规定应纳税额，以防止人民逃税和抑制豪强地主占有劳动人口，造成税负不合理现象。后来，高颎又采取"计户征税"的办法，比较妥善地解决了这部分官吏的俸禄问题。

高颎很受隋文帝器重。在当时，高颎常常坐

■隋朝武士

在朝堂北面的大槐树下听取汇报、处理事情。其他的树都是成排成行的，唯独这棵槐树位置突出。

有人看着有点儿别扭，就想砍掉这棵树，隋文帝知道后坚持不让砍，他说不单是给高颎留着，也是为了留给后人看。古往今来，还没有哪个皇帝能这么抬举大臣的。

在军事方面，高颎的表现也很突出。当时隋文帝欲吞并江南，统一南北，就向高颎询问平陈之策。

高颎说："江北寒冷，收割较晚，江南气温较高，水田收割较早。估量陈国收获季节，我们就征集人马，声言要掩袭陈国，他们必定会屯兵防御，这足以废其农时。他们屯兵，我们就解甲，如此再三，使他们习以为常。"

"以后再集兵，他必不信，在他们犹豫的时候，我们就过江登陆而战。另外，江南地湿，房屋多为茅草竹子，所有的积蓄都贮藏在茅草屋里。我们可以偷偷派人去，就风放火等他修好后，再去放火。不过几年，自可使陈国财力俱尽。"

高颎的法子，其核心都在于用袭扰之术拖垮敌人，然后伺机歼之。隋文帝就采纳了他这个办法，不断地骚扰陈国，因此陈国的农业生产受到巨大破坏，日子越来越穷。

588年，隋文帝任命高颎为元帅长史，任命杨广为伐陈总指挥，集中水陆军51.8万，开始大举进攻江南。三军参谋，前线的军务，都由高颎临机决断。12月，隋军兵至长江，随即发起进攻。各路隋军势如破竹，进展迅速。

589年正月二十，隋军攻入建康，俘陈后主陈叔宝。高颎又收图籍，封府库，资财一无所取。

灭陈之战结束了东晋以来南北纷争的局面，实现了全国的统一。高颎因功加授上柱国，晋爵齐国公，赐物9000段。

隋文帝巡幸并州时，便让高颎留守京城，回京后，又赐缣5000匹，行宫一所，做他的庄舍。不久，高颎之子高表仁娶太子杨勇之女为妻，与皇室结亲，所获赏赐不可胜计。

599年初，突利可汗奏报都兰可汗制造攻城器械，准备攻击大同

隋代文官

千古贤臣与爱国爱民

■ 杨广（569—618），一名英，小字阿麼。华阴，即今陕西省华阴县人，生于长安。隋文帝杨坚次子。604年即位。他在位期间，因为滥用民力，造成天下大乱直接导致了隋朝的灭亡，后在江都被部下缢杀。

建康 今南京的古称。三国吴、东晋、南朝宋、齐、梁、陈先后在此建都。六朝时期，建康是我国古代的政治、经济、文化中心，也是世界上第一个人口超过百万的城市。以建康为代表的南朝文化，在人类历史上产生了极其深远的影响。

城，即今内蒙古乌拉特前旗东北。隋文帝派出三路大军进击突厥。

高颎一路进至族蠡山，即今山西省右玉北，与突厥兵相遇，连战7日，大破突厥。随后继续追击至乞伏泊，即今内蒙古察哈尔右翼前旗东北黄旗海，再次大败突厥，俘虏千余人，杂畜万计。

这时，都兰可汗亲率大军赶至，将隋军赵仲卿部团团包围。赵仲卿将部队列成方阵，四面拒战，坚守5天后，高颎率领大军赶到，大破突厥，都兰可汗败逃，后被其部下所杀。高颎率军追过白道，即今内蒙古呼和浩特西北，越过秦山，即今内蒙古大青山，驰骋400千米，然后还师。

长期以来，隋文帝对高颎十分信任和倚重。但在隋文帝"废长立幼"的问题上，高颎坚持己见，认为长幼有序，太子不可轻废。这让隋文帝很难堪，让皇后很生气。恰在这时，有一个人上告说高颎的儿子高表仁曾对他爹说："司马仲达当初托病不朝，于是拥有天下。您今天也遇到类似情况，怎知不是福分？"

报告这事的人目的很明显，就是要把高颎置于死地。当时上柱国贺若弼、吴州总管宇文弼、刑部尚书薛胄、民部尚书斛律孝卿、兵部尚书柳述等人，都证明高颎无罪。但这些人的证明更是惹恼了文帝，因为这些人都是高颎一手提拔起来的。皇上大怒，立即下旨把高颎囚禁在内史省，严加审问。但审来审去，也都是一些传言而已。最后，隋文帝把高颎削职为民了。

隋炀帝即位后，又想到了高颎这个治国人才，于是一道圣旨，高颎又被拜为太常。隋炀帝那时十分奢侈靡费，声色更加讲究，又发起修筑长城的劳役。高颎以老臣自居，看什么不对的就想说说，发一通牢骚。但他忘了，老臣也是臣，是臣就得坚决地维护皇帝的形象。有人把状告到隋炀帝那里，隋炀帝十分生气，于是下令追查。一查不当紧，又查出了跟高颎在一起发牢骚的还有几个人。607年8月，隋炀帝以诽谤朝政的罪名，下诏杀了高颎。

阅读链接

高颎善于识别和推荐人才，注意保护有功之臣，以天下为己任。苏威、杨素、贺若弼、韩擒虎等，皆为高颎所推荐，各尽其用，立功立事的人，不可胜数。

隋文帝曾欲杀名将史万岁，史万岁实际上是被诬陷的，所以高颎请求隋文帝："史万岁雄略过人，每行兵用师之处，未尝不身先士卒。尤善抚御将士，乐为致力，虽古名将未能过也。"史万岁因此免于一死，后来在出击突厥时建立了殊功。

良相典范房玄龄

房玄龄（579—648），别名房乔，字玄龄。生于隋唐时期的齐州临淄，即今山东省淄博市。唐初良相和谋臣。谥号"文昭"。

他监修国史，制定唐朝律令，倡导儒学，综理朝政，是大唐"贞观之治"的主要缔造者之一。

房玄龄在世时就被人们视为"国器"。如果说魏徵是唐太宗的一面镜子，那么房玄龄则是唐太宗的一条臂膀。后世把房玄龄当作良相的典范。

代表作品有《唐律疏议》《大唐新礼》《晋书》《魏书》《周书》《北齐书》《隋书》《南齐书》《梁书》《陈书》等。

■ 居功至伟的房玄龄画像

房玄龄12岁时，在随父亲去京师一行之后，他综合听到、看到的情况，经过多日的思考、分析，认为大隋帝国一定会很快灭亡。

房玄龄12岁时所分析的隋朝大势，10年后得到了证实：农民起义的熊熊烈火，埋葬了隋王朝，暴君隋炀帝死在了扬州。

隋炀帝即位后，滥用民力，挥霍无度，短短几年，隋朝经济凋敝，民不聊生，各种矛盾激化。一些隋朝官吏也拥兵自重，伺机取隋而代之。

617年5月，太原留守李渊在长子李建成、次子李世民等辅佐下起兵反隋，挥师南下，沿汾水进军关中。在李世民所部进抵渭水以北时，房玄龄从隰城赶来投靠李世民。两人一见便如平生旧识，马上任其为记室参军。

随后，房玄龄在唐军入据关中、建立唐朝及李世民挥军取河陇、北救晋阳、东定中原、攻取河北等统一战争中，均尽其所能，给秦王李世民出谋划策。

在作战中，唐军每歼灭一部敌军，别人争着寻求珍宝之物，房玄龄则总是先收揽各种人才，安置在幕府之中。发现有谋臣猛将，他便想方设法与之结交。因此，那些谋臣猛将愿为李世民尽其死力。

■ 李世民（599—649），名字取意"济世安民"，陇西成纪人。唐朝第二位皇帝。谥号"文武大圣大广孝皇帝"，庙号太宗。他在位23年。他开创了著名的"贞观之治"，使百姓休养生息，各民族融洽相处，国泰民安，为后来唐朝全盛时期的"开元盛世"奠定了重要基础。

■唐武士塑像

在用人问题上，房玄龄还常给李世民出主意。

例如，杜如晦原是秦王嬴政府兵曹参军，不久迁陕州长史。房玄龄认为杜如晦人才当用，便向李世民建议说："杜如晦，王佐人才。大王欲经营四方，非如晦不可。"

李世民接受了这一建议，将杜如晦又调回秦王嬴政府。后来，杜如晦与房玄龄一起，跟从李世民东征西讨，参谋帷幄。"玄龄善谋，如晦能断"，二人配合默契，同心辅佐李世民，为唐朝统一天下立下巨大功勋。

李渊称帝后，分封自己的4个儿子。长子李建成忌妒次子李世民的才华和功绩，欲谋害李世民。

对李世民兄弟之间的尖锐矛盾情况，房玄龄与长孙无忌、杜如晦等一起多次劝李世民杀李建成和李元吉。李世民又征询了其他僚属的意见，终于下定决心于626年7月2日发动了"玄武门之变"，射杀李建成、李元吉等。

当年8月9日，李世民接替李渊当上了皇帝，论功行赏，以房玄龄、长孙无忌、杜如晦、尉迟恭、侯君集五人为第一，封房玄龄为邢国公。

房玄龄于628年当上了宰相。

他处理政事尽心竭力，用法宽平，深受李世民信任。因此，李世民诏令他主持制定唐朝律令。

房玄龄研究前朝的律令后认为，旧法中的很多规定不符合情理。因此，他在制定唐朝律令时，努力做到有理有据。

他主持制定的唐律共500条，立刑名20个，其中削烦去害、变重为轻的条目多不胜记。他还主持制定唐令1590条，统一规定了枷、杻、钳、鏁、杖、笞等刑具的长短宽窄。他还删节唐朝建立以来的皇帝诏令，定留700条，颁布执行。

房玄龄崇尚儒学，所以极力推崇孔子。李渊当皇帝时，国学之中的庙堂以周公为先圣，孔子配飨。房玄龄等建议以孔子为先圣，颜回配飨。李世民诏令执行。在房玄龄等倡导下，唐朝大收天下儒士，根据他们的学识，分别予以录用；还扩大各类学校招生。

李世民多次亲自到国学听博士讲授儒学。四方儒士也纷纷负书而至长安。吐蕃、高昌、高丽、新罗等少数民族的酋长也派子弟进长安入学。国学之内学生接近万人，前所未有。唐初形成的这种教育兴旺的局面，与

■ 房玄龄画像

房玄龄的积极倡导是分不开的。

唐太宗李世民晚年好大喜功，滥用民力。

643年，朝鲜半岛上的高句丽和百济联兵进攻亲近唐朝的新罗。645年，李世民不听房玄龄劝谏，下诏进攻高句丽，结果损兵折将。

后来，李世民又改用轮番攻扰的办法，试图先疲惫高句丽后大举进攻，结果也没有得到多少好处，反而激起邻国的不满，国内人民怨声载道。

649年，房玄龄在病榻之中上表，请求太宗以天下苍生为重，罢军止伐高句丽。太宗见表，甚为感动。

临终之际，李世民亲至其病床前握手诀别，当场授予其子房遗爱为右卫中郎将，房遗则为中散大夫，使其在生时能看见二子显贵。

房玄龄去世以后，太宗为之废朝3日，赠太尉，谥曰"文昭"，陪葬昭陵。后来，他又把房玄龄列入"凌烟阁二十四功臣"，并时常前往怀念。

千古贤臣与爱国爱民

阅读链接

有一次，唐太宗赐给房玄龄几名美女做妾，但房玄龄最爱的是自己的夫人卢氏。唐太宗命人传旨宣卢氏上殿面君。

卢氏出身于名门望族，有强烈的男女平等意识。她对唐太宗说："女子终身只是一夫，男子凭什么就可以多娶妻子？"

唐太宗命人拿来一壶事先准备好的毒酒，说："今天你不答应就把这壶毒酒喝了！"

卢氏接过毒酒一饮而尽，结果却安然无恙。唐太宗哈哈大笑，原来壶中装的是醋。李世民对她十分赞赏，此后再也不拿美女赏赐给房玄龄了。

天下第一谏臣魏徵

魏徵（580—643），字玄成。生于唐代巨鹿，即后来的河北省邢台市的巨鹿县。曾任谏议大夫、左光禄大夫，封郑国公，谥号"文贞"，位列"凌烟阁二十四功臣"。

魏徵性格刚直、才识超卓、敢于犯颜直谏著称。是我国史上最负盛名的谏臣。

魏徵的重要言论大都收录在唐时王方庆所编《魏郑公谏录》和吴兢所编《贞观政要》两书里。他以直谏敢言著称，是我国古代历史上最负盛名的谏臣。

■ 魏徵雕像

魏徵的父亲魏长贤精通文史，博学多才，曾做过北齐著作郎，后因直谏朝政，贬为上党屯县令。父亲正直倔强的品质，对青少年时代的魏徵产生了很好的影响。

然而由于父亲去世较早，家业也因此衰落。穷困的生活，并没有磨灭魏徵的意志，他性格坚强，胸怀大志，喜好读书，多所涉览，尤注意于历代兴衰得失之道，这为以后他的从政、治史打下了厚实的基础。

魏徵备经丧乱，仕途坎坷，阅历丰富，他对社会问题有着敏锐的洞察力，而且为人耿直不阿，遇事无所屈挠，深为精勤于治的唐太宗所器重。

唐太宗屡次引魏徵进入卧室，请教执政得失，魏徵也喜逢知己之主，知无不言，言无不尽，对于朝政得失，频频上谏。

魏徵的谏诤涉及面很广，除了军国大事外，还对唐太宗其他一些不合义理的做法提出善意的批评。

■ 唐朝时期古战车

很多时候，尽管唐太宗对魏徵的尖锐批评一时难以接受，但他毕竟认识到魏徵是忠心奉国，有利于国家长治久安。

魏徵鉴于隋末人口流亡、经济凋敝、百废待兴的事实，力劝唐太宗偃戈兴文，实行有利于国计民生的休养生息政策。

唐太宗即位之初，曾与群臣谈及教化百姓之事。唐太宗认为，大乱之后，恐怕难以教化。魏徵则认为，长久安定的人民容易自满，自满就难以教化；经历乱世的人民容易愁苦，而愁苦就有利于教化。这就像饥饿的人渴望食物，焦渴的人渴望饮水一样。

唐太宗采纳了魏徵的建议，制定了经国治世的基本国策，对于"贞观之治"有着深远的影响。

魏徵还提出了以静为本的施政方针。

他认为，隋朝虽然府库充实，兵戈强盛，但由于屡动甲兵，徭役繁重，虽然富强，最后失败，其

■ 贞观之治 指唐太宗在位期间的清明政治。因当时年号为"贞观"，故称。由于唐太宗实行开明政治，使得社会出现了安定的局面；当时并大力平定外患，并尊重边族风俗，稳固边疆。这是唐朝的第一个治世，同时为后来的开元之治奠定了厚实的基础。

■ 唐代铁牛

原因就是因为"动"。现在唐朝初定，在大乱之后，人心思治，所以当以安静为本。他以静为本的思想，主张社会有个安定的环境，与民休养生息，以恢复和发展社会经济。

为了防止劳役百姓，魏徵还劝谏唐太宗停止周边诸国的入朝贡献，并停止一些规模较大的活动，以减少国库的开支。

在当时，文武百官都以为封禅为帝王盛事，又天下乂安，屡次请求东封泰山，唯独魏徵不同意。

他认为，尽管唐太宗功高德厚，国泰民安，四夷宾服，但皇上大规模车驾东巡，千乘万骑，其费用实属不该。唐太宗在魏徵的规谏下，又恰遇河南、河北数州闹水灾，就停止了东封活动。

魏徵认识到，帝王修饰宫宇，奢侈无度的结果，必然会疲劳百姓。在与唐太宗谈及此事时，魏徵曾以隋亡为鉴，说隋炀帝大兴土木，劳民伤财，提醒唐太宗切忌奢侈，以防重蹈覆辙。

唐太宗曾让人在益州及北门制造绫锦、金银器，魏徵就上言，劝阻此事。唐太宗东巡洛阳，住在显仁宫，因州县官吏供奉不好，大都受到了谴责。魏徵认为这是渐生奢侈之风的危险信号，于是马上给他敲一下警钟。

封禅 封为"祭天"，禅为"祭地"，是指我国古代帝王在太平盛世或天降祥瑞之时祭祀天地的大型典礼活动。远古暨夏商周三代，已有封禅的传说。古人认为群山中泰山最高，为"天下第一山"，因此人间的帝王应到最高的泰山去祭过天帝，才算受命于天。

有一次，唐太宗问魏徵何谓明君暗君？

魏徵率直地回答说："君之所以明，是因为他兼听；君之所以暗，是因为他偏信。"

他主张君主兼听纳下，听取臣下的正确意见，以克服君主的主观片面性。帝王久居深宫，视听不能及远，再加上自己的特殊身份，很难了解社会实际。可见，兼听纳下，也是魏徵的政治思想之一。

唐太宗在实践中推行了兼听纳下的思想，调整了君臣关系，改变了帝王传统的孤家寡人做法。而臣下也对朝廷施政中的失误之处，积极上书规谏，匡弼时政。如此一来，君臣同舟共济，集思广益，上下同心，从而开创了贞观年间的谏诤成风的开明政治。

在一次奏疏中，魏徵援引了管仲回答齐桓公在用人问题上妨害霸业的5条：一是不能知人；二是知而不能用；三是用而不能任；四是任而不能信；五是既信而又使小人参之。可以说，知、用、任、信、不使小人参之，基本上概括了魏徵的吏治思想。

知人是用人的首要问题。在用人问题上，魏徵特别强调君主的知人。魏徵指出君主知人，才能任用忠良

■ 奢华精美的唐三彩

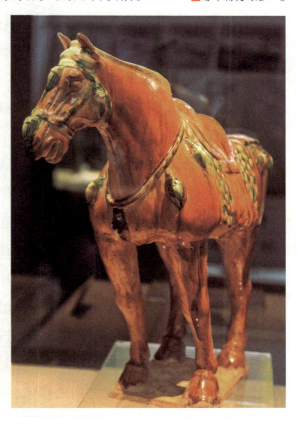

■ 大唐名相魏徵故里

之士，这是天下致治的先决条件。

魏徵认为识别人臣的善恶是知人的一个重要内容。魏徵认为，在不同的时期，在用人标准上并不是一成不变的。在天下未定时，一般是专取其才，天下太平之时，则非才德兼备者不可任。

他的这一用人思想，是和变化的客观形势相适应的，也是可取的。赏罚分明，不徇私情，也是魏徵的用人思想中的一个内容。此外，他也反对重用宦官。

在这方面，唐太宗很多时候都采纳了魏徵的意见。

魏徵在与唐太宗等人讨论创业与守业之难时认为，要守成帝业，使国家长治久安，最重要的就是居安思危。他认为居安忘危，处治忘乱是由于帝王忘乎所以，无心政治，因而导致了国家的危亡与覆灭。

他以此提醒唐太宗，要小心在意，时刻保持着高度的警觉。魏徵常以亡隋为借鉴，以说明居安思危的迫切性。他总结隋亡的教训，作为唐太宗治理国家的一面镜子，以做到居安思危，警钟长鸣。

639年5月，魏徵趁唐太宗诏五品以上官员议事之机，全面地、系统地总结了政事不如贞观之初的事实，上奏唐太宗，这就是著名的

《十渐不克终疏》。疏中列举了唐太宗搜求珍玩，劳役百姓，昵小人、疏君子，频事游猎，无事兴兵等10条弊端，言辞直白，鞭辟入里，再次提醒唐太宗慎终如始。

唐太宗看完奏疏后，欣然采纳，并对他说："朕今天知道自己的过错了，也愿意改正。如若违背此言，再无面目见到诸位爱卿！"

说完亲手解下佩刀，赐予魏徵，还赐予魏徵黄金10斤、马两匹。魏徵喜逢知己之主，竭尽股肱之力，辅助唐太宗理政，已成为唐太宗的左手右臂，以至助成"贞观之治"。

魏徵不但是一位杰出的政治家，也是一位著名的史学家。他对历史有深刻的了解，善于将历史经验和现实问题结合起来，以史为鉴，以此论治道，劝唐太宗。

他根据唐太宗的诏令，修撰了《周史》《齐史》《梁史》《陈史》《隋史》五朝历史。五部史书总监虽是房玄龄，但房玄龄政务繁忙，魏徵是实际的总监。

他还亲自动手，撰写了《隋史》的序和论，还为《梁书》《陈书》《齐史》写了总论。他治史谨严，有"良史"之称。

大唐名相魏徵塑像

636年，五朝史书修撰完毕，唐太宗为嘉奖魏徵，加封魏徵为光禄大夫，进封郑国公。

642年7月，魏徵病重，唐太宗下手诏慰问。

魏徵居室简陋，生活俭朴。唐太宗还特别下令为他建了一个正厅，还赐给屏风等物。

唐代碑文

同年9月，唐太宗说："方今群臣，忠直没有超过魏徵的。"于是，罢去魏徵的宰相职务，拜为太子太师。魏徵去世时，唐太宗亲临魏家哀悼，悲痛异常。他停朝5天，令百官参加葬礼。送葬时还登楼遥望魏徵灵柩，还亲自为魏徵写了碑文。

唐太宗对魏徵的去世，十分悲痛。曾感叹地说：

人以铜为镜，可以正衣冠；以古为镜，可以见兴替；以人为镜，可以知得失。魏徵没，朕亡一镜矣！

他的这段话，可以说是对魏徵的历史性评价。

阅读链接

"玄武门之变"后，有人向秦王李世民告发魏徵，说他曾参加李密和窦建德的起义军，起义军失败之后，魏徵到了长安，曾经劝说建成杀害李世民。

李世民听了，立刻派人把魏徵找来，板起脸问他："你为什么在我们兄弟中挑拨离间？"

魏徵不慌不忙地回答说："可惜那时候太子没听我的话。要不然，也不会发生这样的事了。"

李世民听了，觉得魏徵说话直爽，很有胆识，不但没有责怪魏徵，反而和颜悦色地说："这已经是过去的事，就不用再提了。"

救时宰相姚崇

姚崇（650—721），本名元崇，字元之。祖籍江苏吴兴，后定居陕州硖石，即今河南省三门峡陕县硖石乡。唐代政治家。封梁国公，追赠扬州大都督、太子太保，谥号"文献"。

他历任武则天、唐睿宗、唐玄宗三朝宰相，有"救时宰相"之称，是我国历史上的著名宰相。特别是在玄宗朝早期为相，对"开元之治"贡献尤多，影响极为深远。

■ 有"救时宰相"之称的姚崇画像

姚崇出生于一个官宦家庭。父亲姚懿，在贞观年间做过巂州都督。姚崇年少时不拘小节，长大后好学不倦，后经科举入任，始授濮州司仓参军，后又任司刑丞。

此时正值武则天执政时期，严刑峻法横行，姚崇理案刑狱，执法公正，把很多人从冤狱中救出来。他的才能引起了上司的重视，连连晋升，不久任夏官郎中，成为兵部的一名要员。

武则天是个重视人才的女皇帝，一次偶然的机会，她发现了姚崇。其时，契丹举兵攻陷河北数州，情况相当危急。姚崇上疏提出应急对策，武则天见他的上书剖析周密，论理精到，便破格升为兵部侍郎。

千古贤臣与爱国爱民

武则天前期执政，奖励告密，重用酷吏，闹得满朝文武人人自危，惶惶不可终日。

姚崇以自身和全家人性命担保，恳求武则天，今后收到告发谋反状子，把它收起来，不再追究。假如以后发现证据，真的有人谋反，他甘愿承受知而不告之罪。

武则天听了很高兴，说："以前宰相什么事都表示顺从可办，使朕

■ 武则天时代盛景图

陷于滥施刑罚的境地，现在听到你的话，很合朕的心意。"特赏给姚崇白银1000两。

姚崇为官刚正不阿，不畏权势。

当时，武则天的男宠张易之、张昌宗兄弟，倚仗武则天，横行朝中。

704年，武则天的男宠张易之要把京城的10个和尚派往自己修造的河北定州的佛寺。此事本来是件小事，但为了遏制张易之的气焰，姚崇就是不同意，张易之几次请求照顾，姚崇就是不答应。

张易之因此记恨在心，暗中在武则天面前说姚崇的坏话，武则天就借突厥犯边的机会，把姚崇调任灵武道行军大总管，后又改任灵道安抚大使。虽然姚崇还是三品，但其实已是徒有官名，并无实权。

赴任前，武则天要姚崇荐举宰相人才，姚崇继狄

突厥 中亚和西亚等民族的主要成分之一。西魏时首领土门击败铁勒，破柔然，建立政权。建立了官制，有立法，有文字。隋初分裂为东西两部。约在7世纪末8世纪初亡于回纥。

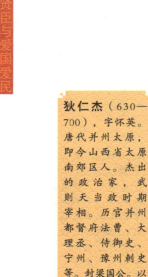

■唐百官陶像

仁杰后，再次推荐张柬之，认为张柬之沉厚有谋，能断大事。武则天就让张柬之做了宰相。

张柬之做宰相后，对张易之、张昌宗兄弟在朝中跋扈横行，包藏祸心，深感不满。同时朝臣们又多次上疏，要求惩治二张，更使张柬之下定决心，要收拾他们。

由于武则天祖护，二张始终在逍遥法外。后来，张柬之与杨之琰密谋，率500名御林兵，直接进入玄武门，杀死了这两个不法恶徒。

随后，又对武则天施加压力，迫使武则天将帝位让给太子李显。这就是唐中宗。

唐中宗以姚崇、张柬之为宰相，又因为姚崇有功，加封他为梁县侯，食邑200户。

但姚崇心里明白，唐中宗昏庸，武氏家族的势力还很大，将来一定会有一场激烈的斗争，他不愿遭到武氏势力的暗算，因而罢相远离京城。

　　果然不出所料，第二年，武则天的侄儿武三思，在中宗的支持下，削了张柬之等5人的实权，5人在流放中被害，而姚崇独得以免死。姚崇罢相后，先后在亳州、宋州、常州、越州、许州等地当刺史，远离京城，没有参与朝廷内部的斗争。此时，朝廷几经皇权争斗，相王李旦在儿子李隆基以及妹妹太平公主的扶持下，恢复帝位，这就是唐睿宗。

　　唐睿宗于710年6月，拜姚崇为兵部尚书、同中书门下三品。姚崇第二次当了宰相。

　　唐睿宗的妹妹太平公主干预朝政，也想走其母武则天的道路。于是，姚崇和宋璟联名上奏，建议把太

太平公主（约665—713），唐高宗李治之女，生母武则天。下嫁薛绍，再嫁武攸暨。生前曾受封"镇国太平公主"，后被唐玄宗李隆基赐死。是我国历史上赫赫有名的人物，不仅仅因为她是武则天的女儿，而且她几乎真的成了"武则天第二"。

■ 唐代县官官印

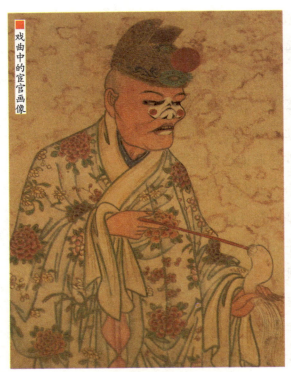

戏曲中的宦官画像

千古贤臣与爱国爱民

平公主安置在东都洛阳，其余掌握兵权的诸王派往各州当刺史。

昏庸的唐睿宗如实将姚、宋的建议转告给太平公主。于是，姚被贬为申州刺史。以后，又先后任扬州刺史，淮南按察史，在地方官任上，姚崇为官清廉公正，颇受百姓爱戴，后调任同州刺史。

712年，李隆基登基做了皇帝，这就是唐玄宗。唐玄宗是个励精图治，想使国家振兴的君主。他决定起用姚崇为相。

713年，唐玄宗密召姚崇前来，征求他对国事的意见。姚崇侃侃而谈，不知疲倦。

唐玄宗就要拜姚崇为相，姚崇说："我有10点意见要上奏，陛下考虑，如果做不到，那我这个宰相就不能做。"

姚崇所说的10点意见，大意是：

1.朝廷以前用以严刑峻法治理臣民，臣希望今后施政，应当以仁恕为先。

2.先朝高宗，征伐吐蕃，兵败青海，臣希望陛下不要贪求边功。

3.近来奸佞之徒触犯国法，而这些奸佞之徒，皆受宠幸而免罪，臣希望守法从近臣开始。

4.武后临朝，传达旨意的重任出自宦官之口，臣希望今后宦官不得干预朝政。

5.豪门贵戚为了媚上，随意征缴苛捐杂税，搜刮百姓，公卿方镇也多效法，臣希望除国家的租庸赋税以外，杜绝一切苛捐杂税。

6.皇亲国戚争权，朝廷内乱，政权不稳，臣希望皇亲国威以后不要担任台省要职。

7.先朝对群臣轻慢无礼，有失君臣之敬，臣希望君主对大臣须待之以礼。

8.先朝擅杀忠臣，使诤臣灰心丧志，臣希望敢于犯颜直谏，批逆鳞，犯忌讳。

9.武后建造福先寺，上皇建造金山、玉真二观，工程浩大，耗费百万，臣请以后杜绝营造佛寺道观。

10.汉朝外戚吕禄、王莽等横行不法，乱了天下，坏了国家，臣请以此为鉴，作为后世万代吸取的教训。

这十点建议，涉及政治、经济、军事、法治诸方面，可谓切中时弊，为救世之良方。这对急于振兴国家的唐玄宗，具有巨大的吸引力，对每一项建议，他欣然表示赞同，并且一一采纳。并拜任姚崇为兵部尚书、同中书门下三品。

姚崇第三次当了宰相。

当上了宰相的姚崇，得到了玄宗的充分信任。举凡军国要事，玄宗都一一要和宰相商议。唐玄宗为姚崇施展才能，提供了广阔的舞台。姚崇既掌

唐代文官像

刺史 古代官职。汉初设置。刺史掌握一州军政大权，成为一级地方行政长官。隋唐时期，都曾经废州改郡，不久又恢复。晚唐五代时，刺史职任渐轻。

相权，又掌军权，是这时的大刀阔斧的政治家和行政长官。

姚崇首先从整顿吏治入手。他看到武后末年以来，皇亲国戚多居台省要职，诸王又掌握指挥禁军大权。为了争权夺利，他们勾结朝官，多次发生政变。

自武则天以来，短短的八九年间，就接连发生了5次政变。为了防止这种情况的再次发生，姚崇协助玄宗，把诸王改任外州刺史，并规定诸王不任职事。从此，诸王只享有爵位，不再掌握军政大权，因而失去了兴风作浪的资本。

姚崇还规谏唐玄宗，皇亲国戚不得任台省。所以，开元初没有大封皇亲国戚。

姚崇还设法抑制功臣权势的膨胀，把一些官高势盛，居功自傲的功臣降到地方做州刺史。

■ 唐代三官殿

■ 宋璟（663—737），字广平，河北邢台市南和县阎里乡宋台人。唐代官员。一生为振兴大唐励精图治，与姚崇同心协力，终于把一个充满内忧外患的唐朝，改变为政治、经济、文化、军事处于世界领先地位的大唐帝国，史称"开元盛世"。

上述这些措施，像釜底抽薪一样，消除了中央政局动乱的隐患，结束了多年来动荡不安的局面。姚崇"救时之相"的称誉也由此而来。

姚崇在整顿吏治方面也取得了很大的成就。

唐中宗以来，卖官鬻爵，官吏增多，机构庞大。于是，姚崇大量裁减冗员，罢免了员外官、试官、检校官，并申明这三种官今后如果没有政绩和战功，不经皇帝特别诏令，吏部和兵部不得录用。同时，还撤销了一些闲散诸司、监、署等10余所机构。从而大大地减少了冗员，也减轻了国库的负担。

姚崇荐官取士，以品德才能为主要。他所推荐的广州都督宋璟，刚正不阿，为官清廉，是唐代的四大贤相之一。

姚崇还重视用法治来约束官吏，对违法乱纪者，即便是皇亲国戚，也一视同仁，决不宽赦。

薛王李业的舅舅王仙童倚仗权势，欺凌百姓，受到御史的弹劾，将依法治罪。薛王到玄宗那里求情，玄宗下令重新审查，意欲宽免。

姚崇于是上疏玄宗说："仙童罪状明白，御史所言正确，不可赦免。"由于姚崇的大力整顿，开元初期的政治清明，社会稳定，经济获得了大发展。

716年，山东等地连续发生严重的蝗灾，人们认为这是"天灾"，

碑 把功绩勒于石土，以传后世的一种石刻。一般以文字为其主要部分，上有螭首，下有赑屃。大约在周代，碑便在宫廷和宗庙中出现，但它与现在的碑功不同。宫廷中的碑是用来根据它在阳光中投下的影子位置变化，推算时间的；宗庙中的碑则是作为拴系祭祀用的牲畜的石柱子。

只好坐以待毙，求上天显灵禳灾。在满朝文武一筹莫展之际，姚崇上疏玄宗，主张应想尽办法捕杀蝗虫。

当时朝议纷纷，姚崇力排众议，消除唐玄宗的疑虑，坚定他灭蝗的决心。于是，姚崇排除了干扰，下令捕蝗。

他特派遣御史，取名"捕蝗使"，分赴各地，督促捕蝗。仅汴州一地就捕获蝗虫14万石，而入汴渠顺流而下的不计其数。因为山东人民的奋力捕杀，山东地区免遭了一场大灾难。

716年，姚崇辞去宰相之位，朝廷授予他开府仪同之司。虽然不在相位，但有关军国大事，唐玄宗还是经常听取他的意见。

721年9月，姚崇病逝，终年72岁。病危之时，嘱咐子孙不要铺张，一定要薄葬。唐玄宗对姚崇的逝世，十分悲哀，下令为姚崇撰写碑文，赞誉姚崇。

阅读链接

姚崇病重时召集子、侄齐聚床前说："我最大的心愿就是想要一篇好碑铭。现在天下文章高手首推张说，但张说历来与我不和。我死之后，他一定会来吊唁，你们可将我请高手复制的古玩给他看，趁机要他一篇碑铭。然后，你们火速呈送皇帝御览，回来后连夜刻石。切记切记。"

姚崇死后，张说果然前来吊唁。姚崇的大儿子依计而行。

第二天，张说以尚需修改为由派人索回。姚崇的儿子出示皇帝御批，来人只好回告张说，气得张说抚胸顿足。

从五代至元代是我国历史上的近古时期。在这一时期，汉族政权与少数民族政权并立，在这样的特殊背景下，锤炼了一大批忠君爱民、经国立制的贤能之士。

他们在政权更迭、演变的过程中，洞察密机，立法图治，为政权的加强和经济的发展，贡献出了自己的才能，充分体现了社会治理的一种行为责任感，在中华民族的吏治史上留下了光辉的一页。

近古时期

经世之才

刚直果决的寇准

寇准（961—1023），字平仲。生于宋代华州下邽，即今陕西省渭南。北宋政治家，诗人。累迁殿中丞、山南东道节度使、中书侍郎兼吏部尚书等。

他善诗能文，七绝尤有韵味，传《寇忠愍诗集》三卷。他与宋初山林诗人潘阆、魏野、"九僧"等为友，被列入晚唐派。

寇准辅佐宋太宗、宋真宗两朝，以刚毅清正之风垂范后世，以拯时救世之才报效国家，是一位洞察密机、善断大事的良相。

■ 功高名重的寇准石像

■ 宋太宗（939—997），赵炅，本名赵匡义。父亲赵弘殷，追赠宣祖，母亲杜太后。太祖驾崩后，38岁的赵光义登基为帝，是宋朝的第二个皇帝。在位共21年。谥号"至仁应道神功圣德文武睿烈大明广孝皇帝"，庙号太宗，葬永熙陵。

寇准生于书香门第，他的祖父寇延良，颇有才学。其父寇相，善书画，能诗文。寇准由于受家庭的熏陶，自幼天资聪颖，好学上进。

19岁时赴京应试，一举中第，从此开始了他几十年的政治生涯。

寇准为政清廉。他在任知县期间，对属下衙役要求严格，不准他们横行乡里，搜刮民财，鱼肉百姓，严格按照朝廷的明文规定征收赋税和徭役。为了防止属下不法之徒巧立名目，额外增收，以饱私囊，他令人把县中应当纳税、服役者的姓名、住址等项写在纸上，张贴在城门中，公布于众。

老百姓见寇准执法公正，为政清廉，体察民情，爱民如子，都深受感动。凡是应该缴纳赋税者，无不如数按时送交，从不拖延时日。后来寇准到了宋太宗身边，他更是断案如鉴，反对徇情枉法，深得宋太宗器重。

寇准在两次废立太子的重大事件中，充分显示了他的足智多谋和善断大事的品质。

一次是废楚王赵元佐太子。

赵元佐是宋太宗的长子，由于营救宋太宗之弟赵廷美没有成功，得了心病，行为变得粗暴残忍。身边

赵元佐（965—1027），宋太宗赵光义与元德皇后李贤妃所生的长子。初名赵德崇，字惟吉。历封卫王、楚王。追封齐王，谥号"恭宪"。宋仁宗赵祯即位时，封赵元佐为江陵牧，增加了赵元佐的食邑。

复原的宋代建筑大成殿

的人稍有过失，他就用残酷的刑罚处死。

宋太宗多次训诫他，始终未见好转。宋太宗召见当时在郓州做通判的寇准，请他筹划一个万全之策。

寇准对宋太宗说："请陛下找个机会，命太子代您主持某项典礼，他左右人员必定随行，然后陛下派人往东宫仔细搜查，果真有不法的事情等太子回来拿给他看，把他废除。到时候只要一个太监的力量就够了。"

宋太宗接受了寇准的计策，趁太子外出，派人从他的宫中果然搜出了许多刑具，有剜眼睛的、抽筋条的、割舌头的等。在大量物证面前，赵元佐只好低头认罪。于是，他被顺理成章地废黜了，没有发生任何风波。

另一次是立襄王赵元侃。

那是994年的事。当时宋太宗已近暮年，为立太子事心烦意乱，坐卧不安。加上身患脚疾，疼痛难忍，真可谓心力交瘁，苦不堪言，很需要一个情投意合的人与他为伴，向他一吐衷肠。

于是，宋太宗就召见寇准，询问谁可以继承皇位。寇准此时虽然心中有个人选，但不知宋太宗心中倾向于哪一个，因此不便直接回答

千古贤臣与爱国爱民

宋太宗的问题。在这种情况下，他只给宋太宗提出一个选立太子的原则："只要陛下您自己选择能符合天下人所期望的人，就可以了。"

宋太宗听罢，低头思之良久，然后屏退左右，对寇准说："你看襄王赵元侃可以吗？"

其实寇准心中所想的也是襄王赵元侃，于是连忙说道："知子莫如父。陛下既然认为可以，愿您当即决定。"

立太子的事，君臣两人就这样决定了，宋太宗从此了却了一桩心事，心情也就舒畅了。

宋真宗即位时，边患吃紧。1004年，宋真宗任寇准为宰相。同年9月，辽朝又派小股游骑侵犯宋边境，作战稍有不利，就急忙引军退却，似无大举进兵与宋军交战之意。

寇准接到这个军情报告，料定此为辽朝兴兵南下大举侵犯的前兆，故立刻上奏宋真宗说："辽军此举是想麻痹我们。我们应当加紧训练部队，任命将帅，并且要选派精锐部队占据军事要地，以防辽军大举进犯。"

辽朝 是五代十国和北宋时期以契丹族为主体建立，统治我国北方的封建王朝。907年，辽太祖耶律阿保机统一契丹各部称汗，国号"契丹"，定都上京。916年建年号，947年辽太宗定国号为"辽"。1125年为金朝所灭。

■ 宋真宗（968—1022），初名德昌，后改元休、元侃。宋太宗第三子。宋朝第三位皇帝，在位26年。谥号"神功让德文明武定章圣元孝皇帝"，庙号真宗。宋真宗在位后期淫于封禅之事，朝政因而不举，社会矛盾不断激化，使得宋王朝的"内忧外患"问题日趋严重。

千古忠良

千古贤臣与爱国爱民

■萧太后（953—1009），名绰，小字燕燕。是辽景宗耶律贤的皇后，辽北院枢密使兼北府宰相萧思温之女，在历史上被称为"承天太后"，辽史上著名的女政治家、军事家。尊号"睿德神略应运启化法道洪仁圣武开统承天皇太后"。

在寇准的建议下，宋军调兵遣将，严阵以待。果然不出寇准所料，1004年11月，辽军大举南下。辽朝萧太后、圣宗耶律隆绪御驾亲征，大将萧达率军20万直进中原，军情十分危急，宋朝上下一片惊慌。一个晚上竟有5封军情机密文书由探马飞送相府。而身为朝廷重臣的寇准却十分镇定，他对紧急军情文书连拆也不拆，照常饮酒，谈笑如常。第二天，有人将此事奏报宋真宗，宋真宗大惊，责问寇准为何如此？

寇准于是回答说："陛下想了结此事，不出5天定见分晓。"

宋真宗问寇准有何退兵良策。

寇准提出要宋真宗御驾亲赴澶州坐镇，这样必能克敌制胜。朝内群臣见寇准提出要宋真宗御驾亲征，感到事情重大，也怕自己被派随驾前往，因此个个胆战心惊，纷纷准备退朝，以免皇帝怪罪。寇准见群臣如此萎缩退却，心中甚是不悦，便严词厉声制止。

宋真宗也感到十分为难，想要回到内宫，然后再议决此事。寇准一看宋真宗有不愿亲征之意，一旦回宫，这件事就难办了。就急忙对宋真宗说："陛下一

澶州 宋代的檀州是燕云十六州之一，即今河南省濮阳县。北宋时，澶州居大河要扼，距京城下梁，即开封仅仅125千米。独特的地理位置，使澶州对阻碍北方铁骑、藩屏京师发挥了巨大的作用，特别是1004年澶渊之盟的签订，对北宋的政治、经济及军事活动都产生了深远影响。

旦回宫，群臣就再难见到您，那就要误大事了。请您不要回宫。"宋真宗在寇准的强谏之下，万般无奈，只好同意讨论是否亲征事宜。

1004年12月，宋真宗亲率大军行至澶州南城。当时辽军气势正盛，众人都请宋真宗住下，以观察敌我形势，然后再决定进止。而寇准则坚决请求宋真宗继续前进。

在寇准等人的竭力主张下，宋真宗渡过了黄河，来到了澶州北城的门楼之上。远近的宋军望见帝辇的华盖，无不欢呼雀跃，军威大振，其声音数十里之外都能听见。而辽兵听到宋军的欢呼声，个个面面相觑，惊愕不已。

宋真宗到澶州后，委托寇准全权处理军务大事。

寇准治军号令严明，处事果断，指挥有素，士卒既畏惧又心悦诚服。有一天，辽军为探虚实，派数千骑逼近城下。寇准命令士卒出击，斩杀和活捉了辽军一大半，扭转了被动局面。后来，辽军统帅萧

辽代生活壁画

挞凛亲临战场督战，宋军威虎军头张瑰守用床子弩，一箭射中挞凛前额，挞凛中箭身亡，辽兵只好退去。

宋真宗留寇准在北城之上坐镇指挥，但过些时候，他又派人去看寇准在干什么。派去的人回报，寇准正在饮酒、下棋，他屋子里的戏谑声、欢呼声不绝于耳。

宋真宗见寇准如此从容镇定，心中不再忧虑。辽朝是损兵折将，损失十分惨重，无力再战。萧太后只好派使前来澶州，请求罢兵议和。辽朝提出要宋朝把关南的土地让给辽朝。宋真宗听说后认为辽朝使臣所说割地一事，毫无道理。但如果只索要金银玉帛，对朝廷倒也无伤大体。

寇准不愿给辽朝金银玉帛，而且还提出要辽朝向宋朝称臣，并献上幽、蓟二州的土地。他向宋真宗说："只有这样，才可保边境百年无事，否则数十年之后，戎狄又起贪心了。"

宋真宗急于求和，对寇准说："数十年后自然有守土尽责之人，我不忍心百姓生灵涂炭，姑且按辽朝提出的要求讲和算了。"并立即派曹利用前往辽朝谈判。宋真宗还对曹利用说："实在不得已，就是百万钱也行。"

寇准得知此消息后，立刻召曹利用到帷幄之中，对他正色道："你虽有圣旨，但你答应辽朝如超过30万，我就砍你的头。"

曹利用到了辽朝，最终以

千古忠良

千古贤臣与爱国爱民

宋代铜钱

白银10万两、丝绢20万匹为代价与辽朝达成和约而还。

这一次，寇准虽然未能彻底改变宋朝给辽朝输送金银玉帛的结局，但却保住了宋朝的北方领土，并且使经济损失控制在一定的限度。

宋军在澶州大胜辽军，首功当归寇准。宋真宗对他特别厚爱，寇准也十分高兴。

宋真宗的宰相王钦若因为以前请驾南迁一事，曾经当众遭到寇准的痛斥，因此，他对寇准怀恨在心，总想借机谗言陷害寇准。

一天，宋真宗召见群臣，寇准未等散朝先走一步。王钦若一看时机已到，便乘机进言说："陛下如此尊敬寇准，那您看他是不是匡扶社稷之臣呢？"

宋真宗说："当然是了。"

王钦若说："澶州一战，陛下不以为耻，反而还把它当成寇准的功劳，这是为什么呢？"

宋真宗不觉愕然惊诧，忙问其中缘故。

王钦若说："城下之盟，《春秋》以为奇耻大辱，而陛下为万乘之主，与虏订盟于城下，还有比这更耻辱的事吗？"宋真宗愀然不乐。

王钦若又进谗言说："陛下知道赌博吗？赌博者赌钱非输光不可，常常罄其所有以做抵押，这就叫

■ 王钦若（962—1025），字定国。临江军新喻，即今江西省新余县东门王家人。北宋初期的政治家，宋真宗时期的宰相。谥号"文穆"。王钦若是属于当时主和派的势力，主张把国都南迁，与当时主战的寇准对立。

幽、蓟二州 即幽州和蓟州。宋代的幽州是燕云十六州之一，即后来的北京，当时称燕京，又是辽帝国的南京。宋代的蓟州也是燕云十六州之一，就是后来的天津市蓟县。

'孤注一掷'。陛下您成了寇准的'孤注'了，这是很危险的呀！"

宋真宗听了小人的谗言，逐渐疏远寇准，罢了他的宰相之职，降为刑部尚书，让他外任陕州去了。

1023年，寇准在贫病交加和心情抑郁中去世了。同年登基的宋仁宗调任寇准为衡州司马的诏书下到雷州贬所时，可惜寇准再也难以从命赴任了。在寇准灵车北归洛阳的路上，沿途官员和百姓设祭哭拜，并在路旁遍插竹枝，上面悬挂纸钱。

据说一个月之后，那些插在路旁的竹枝上都生出了新笋。百姓纷纷议论：寇公之死，感天动地，插竹生笋，乃是寇公感化上天所致。其实，插竹生笋，是人们表示对寇准的爱戴之情，是歌颂寇准的高风亮节。后来，百姓又为寇公修祠筑庙，并年年按时祭奠，这也是对寇准的永远怀念。

阅读链接

据说寇准初执掌相府时生活很奢侈。

有一次，一个妙龄歌女来相府清唱，寇准一时兴起，就赏她一匹绫缎。想不到歌女还嫌赏赐少，一脸的不高兴。

当时寇准身边有个出身寒门的侍女见此情形，就在事后写了一首小诗："一曲清歌一束绫，美人犹自意嫌轻。不知织女荧窗下，几度抛梭织得成！"

寇准读了诗后很是感动，心想：这一匹一匹的绫缎，都来之不易，随心所欲挥霍是不应该的！从那以后，寇准一直保持勤俭朴素的美德。

执法如山的包拯

包拯（999—1062），字希仁。生于宋代庐州，即后来的安徽省合肥市。历任知县、知州、监察御史、户部副史和地方三路转运使、御史中丞、三司使和枢密副使。谥号"孝肃"。

因不畏权贵，不徇私情，清正廉洁，当时流传有"关节不到，有阎罗包老"的赞誉。

包拯的事迹也被后人改编为小说、戏剧，使其清官包公的形象及包青天的故事家喻户晓，历久不衰。

■ 百官楷模包拯塑像

■ 审案中的包拯蜡像

包拯在28岁时考中了进士，从此踏上仕途。当初考取进士后，担任大理评事，实职为建昌知县。

但包拯考虑到父母年纪大了，不忍心离开，就推辞没有去就职，后来调任和州管收税的官。父母不愿离开家乡，包拯就辞掉官职，日夜侍奉双亲，这样过了10年。

父母相继去世后，包拯还在父母的坟旁建造了一个茅屋守孝。守孝期满后，还在父母坟前徘徊，久久不愿离去，最后经别人劝说，才到吏部报到。

包拯做官期间，每到一个地方都为当地人民做了不少好事。由于他认真处理政事，执法如山，铁面无私，所以很受人民爱戴。

包拯在出任扬州天长知县时，一天，有个农民来告状，说他家的牛昨晚被人割了舌头，请求包拯查清此案为民伸张正义。

包拯询问了一些问题，估计是冤案，但没有证据，就对农民说："你先回去吧！"

那农民不走，说："我的牛流血不止，不能吃东西，怕是活不长了，那该怎么办？"

包拯说："你回家把牛宰了，但不要声张。"

按照当时的法律是不能私自宰杀耕牛的。农民回家后，真的把牛给杀了。

几天后，有人举报说："有人违反官府命令私自宰耕牛。"

包拯盘问："你知道他为什么宰杀耕牛吗？"

那人回答："不清楚，听人说好像是舌头割掉了。"

包拯脸一沉，说："给我拿下！"

那人大吃一惊，"扑通"一声跪倒在地，连忙认罪求饶，一桩奇案立刻真相大白。从此民间流传有个审判牛舌案的包公。

包拯刚到庐州时，县衙门口告状的人忽然多了起来。包拯感到奇怪，于是亲自到县衙了解实情。原来好多人是告包拯的舅舅抢占民

包拯审案蜡像

田，欺压百姓。

包拯很生气责问县令："这些案件为何不审理？"

县令说："那些人是诬告，我已命令派人把他们赶跑了。"

包拯听了更生气，厉声问道："你怎知是诬告？身为县令，你本应为民做主，却不体恤民情，反把告状的人赶跑，理应将你查办。姑念你是初犯，暂且放过。你现在要加紧审理！"

县令并不知道包公是什么意思，还以为他与其他的上司一样要贪污包庇，所以不知如何是好。按法律应该逮捕包拯的舅舅，但是他不敢这样做。

因此，他吞吞吐吐地说："包大人，现在公务繁忙，这个案子就先压一下。"

包拯坚决不同意，他亲自派人将舅舅缉拿归案。

包拯夫人董氏劝他手下留情，包拯说："不是我包拯无情无义，

包公蜡像

是舅舅胡作非为，天怒人怨，我是这里的父母官，理应执法严明，不徇私情，大公无私。舅舅横行乡里，鱼肉百姓，我如果宽恕了他，不依法惩治，我就无法再管理这庐州了。"

包拯的儿媳崔氏也来求情。包拯对儿媳说："舅爷照顾你，我很感激，可这和案子是两回事，他犯了法，我如不执法，告状的百姓会怎么看我，他们还会相信官

府吗?"

包拯把平民百姓送来的一份份状子摆在面前,又令衙役找来原告,然后让衙役将舅舅带上大堂。

包拯舅舅发现坐在堂上审他的是自己的外甥,气得浑身发抖。

包拯怒喝道:"大胆罪犯,你扰乱乡里,不但不老实认罪,反辱骂本官,有失体统!拉下去,打!"

衙役立刻将舅舅拉下,重打40大板。那些同包拯舅舅一样横行霸道的乡绅都在府衙门外等候,当他们听到"啪啪"的板子声,都大惊失色,吓得屁滚尿流。从此,这些人再也不敢肆意妄为了。

人们都赞扬包拯为民除害。包拯执法严明,不徇私情,得到了民众的爱戴,同时也震慑住了一批横行不法的乡绅。

有一年发大水,河道阻滞,积水不通,经过调查,是一些地主侵占河道用来修筑花园。包拯下令,清除全部河道上的建筑。地主们不肯拆除,拿出一张地契狡辩说那是他家的产业。包拯经过仔细调查,发现地契是地主自己伪造的,他十分恼火,立即下令地主拆掉花园,并向宋仁宗揭发那些地主的恶行。地主见包拯执法如山,公正廉明,怕事情闹大了对自己不利,便乖乖地拆了花园。

宋代官员瓷像

乡绅 乡绅阶层主要由那些在乡村社会有影响的人物构成。包括科举及第未仕或落第士子、当地较有文化的中小地主、退休回乡或长期赋闲居乡养病的中小官吏、宗族元老等。他们近似于官而异于官,近似于民而又在民之上。

■ 开封府 北宋时期天下首府。包公办公的衙门，威名驰誉天下。重建的"开封府"位于开封包公湖东湖北岸，气势恢宏，巍峨壮观，与位于包公西湖的包公祠相互呼应，同三池湖水相映衬，形成了"东府西祠"的壮丽景观。

三司使 官名。唐代始设，总管国家财政。三司的设立最初是为了分割宰相的财权，后来三司是一个几乎无所不管的部门。北宋前期为最高财政长官，是仅次于中书、枢密院的重要机构。

包拯在开封府当府尹时，改变陈规，采取有利于百姓申冤的措施。开封府原来规定百姓到府衙告状，不能直接到公堂向知府递交诉状。

诉状由"牌司"传递，老百姓为了自己的诉状能够递上去，只有花钱贿赂他们，否则诉状就递不上去。包拯于是让老百姓直接到大堂陈述案情，为了方便，甚至连通往大堂的小门都拆了。

包拯在任天章阁待制、知谏院事期间，以唐代的魏徵为榜样，敢于直谏。他多次当面批评皇上朝令夕改，失信于民的行为，并积极向皇上进言要听取和接受合理的意见，明辨是非，爱惜人才，端正刑法。

包拯当监察御史时，有一个叫张尧佐的人，因为他的侄女得到宋仁宗的宠爱而得到三司使的高位，包揽了全国的贡赋和财政事务。他贪婪成性，对老百姓大加搜刮，引起人们的强烈不满。有许多官员向宋仁宗告张尧佐的状都被扣住了。

包拯知道后，亲自去拜见宋仁宗，劝说仁宗"不要爱屋及乌，使没有才德的人身居高位，使天下人失望"。宋仁宗虽不愿意撤张尧佐的官，但还是照办了。改任他为地方节度使，包拯认为不妥，又上书苦谏。宋仁宗因怕宠妃生气，不忍革去张尧佐之职，包拯以辞官归隐威胁宋仁宗，宋仁宗只好相让，永远不提升张尧佐的职。

当时有个叫王逵的人，曾任湖南、江西、湖北等地的路转运使，每到一地他都要随意加派苛捐杂税，侵吞公款。包拯屡次上疏弹劾。宋仁宗才把王逵贬为徐州知州。

由于王逵关系网十分严密，不久又恢复原职。包拯得知后，第七次上疏，直言王逵之恶，指责其"不管到哪里任职，都不讲法理。残酷地对待百姓，民怨极大，恳请罢免其职务，以免天下百姓受累"。

由于包拯据理抗争，宋仁宗罢免了王逵，为民除了一大害。此事在民间广为流传。包拯弹劾官吏不避权贵。郭承佑是宋太宗的孙女婿，并且是宋仁宗皇后郭氏的族人，所以职务升迁的很快。包拯在应天府

117

近古时期

经世之才

■ 宋代民间砖雕

端砚 诞生在唐代初期广东肇庆，古称端州。古来已十分名贵，更因几大名坑砚材枯竭封坑，砚资源越来越少。在我国所产的四大名砚中，尤以广东省端砚最为称著。端砚以石质坚实、润滑、细腻、娇嫩而驰名于世，用端砚研墨不滞，发墨快，研出之墨汁细滑，书写流畅不损毫，字迹颜色经久不变，好的端砚，无论是酷暑，或是严冬，用手按其砚心，砚心湛蓝墨绿，水气久久不干，古人有"哈气研墨"之说。

时，因弹劾郭承佑贪污受贿、结党营私而遭到贬黜。

过了不久，宋仁宗又派郭承佑负责代州的边防。代州是防御辽朝的最前线，战略地位极为重要，而郭承佑却不懂军事。包拯从国家利益出发，上疏请求罢免郭承佑，另选军事能人。这次，宋仁宗听取了包拯的意见。包拯弹劾官吏完全是根据他本人的实际情况执公进言，绝无个人恩怨，因此，连被弹劾的官员也无话可说。

1041年，包拯调到端州，即今广东省高要县做知州。端州是当时每年进献给皇帝的贡品端砚的产地。

因为有利可图，包拯来之前的知州，都趁机向老百姓征收大量的端砚，送给朝里的大官们，换取升官发财的机会。

包拯到端州以后，不但没有贪污一块端砚，而且派人查清以前官吏贪污端砚的情况，然后严格规定按

■ 包拯曾经办案的开封府

包拯自勉诗

直道是身谋
清心为治本
秀干终成栋
精钢不作钩
仓充鼠雀喜
草尽兔狐愁
史册有遗训

每年20块的数量制造端砚，官员贪污的端砚一律交公，百姓制砚的工钱由官府付给，给当地百姓减轻了负担。同时也得罪了其他的有权有势的贪官污吏。但是，包拯一点儿也不害怕。

包拯主持三司期间改变了过去的一些做法。以前，凡是各种封藏于仓库供皇帝用的物品，都从各地摊派，造成百姓困难。包拯特此设立市场，实行公平买卖，此后百姓不再受到侵扰。

泰州、陕州、斜谷一带官府衙门的造船木材，大都是向百姓征来。契丹在关塞附近聚集军队，边境的州郡经常发来警报，朝廷命令包拯到河北征调军用粮草。

包拯上书说："漳河一带是一片肥沃的土地，然而大多被用来牧马，请把这些土地全部交还百姓，让他们耕作种植。"

解州池盐的专卖法令，加重了百姓负担，包拯到那里筹划，请准一律听凭自由买卖。这些建议都被朝廷采纳。

包拯性格严峻正直，他厌恶官吏盘剥百姓，他不轻易与人相交，不会用伪装的笑脸来讨别人喜欢，当时曾流传着包拯的笑脸和黄河的水变清一样难以看到。平时没有私人请托的书信，旧友、亲戚同乡都

包拯墓

断绝往来。

包拯虽然当官了，可是衣服、饮食同当平民时一样，这在宋代官场上是绝无仅有的。

他还经常嘱咐孩子们说："我的后代子孙做了官，若有犯贪污罪的，就不得回老家，死了不许葬在祖坟中。不顺从我的心意，就不是我的子孙。"

包拯在一次处理政务时，突然感到身体不舒服，旋即病逝，终年66岁。由于包拯正直无私，赢得了历代人民的衷心敬仰，他的事迹妇孺皆知，形象被神化，他的英名千古流传。

阅读链接

开封的老百姓纪念包拯，在开封府旁修建了一座包公祠。当时，开封府署内有一通题名碑，凡是在开封府任过府尹的，姓名都刻在碑上，只有"包拯"两个字被后人抚摩最多，以至留下了一道道深深的指痕。

现在，这通石碑仍然保存在开封历史博物馆里，"包拯"两字已模糊难辨。

开封包公祠毁于明代末年，当时明军为阻挡李自成进攻，扒开了黄河大堤，大水把开封府署和包公祠都冲毁了。大水过后，只在包公祠遗址上留下一个小水潭，被称为"包府坑"。

满腹经纶的耶律楚材

耶律楚材（1190—1244），字晋卿，号玉泉老人，法号湛然居士；蒙古语名为吾图撒合里。蒙古族。出身于契丹贵族家庭，生长于燕京，即今北京。

他是辽太祖耶律阿保机的九世孙。元代政治家。追赠为太师、上柱国，追封广宁王，谥号"文正"。

他对中原的文化十分地推崇，有很浑厚的汉学功底，他对成吉思汗及其子孙产生深远影响，他采取的各种措施，为元朝的建立奠定了坚实的基础。

■元朝开国元勋耶律楚材画像

■ 成吉思汗
（1162—1227），即孛儿只斤·铁木真。蒙古族。蒙古帝国可汗，谥号"圣武皇帝""法天启运圣武皇帝"，庙号太祖，尊号"成吉思汗"。世界史上杰出的政治家、军事家。建立蒙古帝国，灭花剌子模。

耶律楚材天资聪敏，自幼勤学苦读，博览群书，到青年时期，不仅在天文、地理、律历、术数等方面颇有造诣，并且深谙儒学，精于佛道、医卜之说。17岁时，被征召到尚书省做个副官。

1215年，耶律楚材在成吉思汗平定金国之后绝迹于世，弃俗投佛。而此时的成吉思汗逐渐感到人才的重要，他听说耶律楚材是位难得的人才，便遣人求之，询问治国大计。楚材即应召前往。

耶律楚材学识渊博，很快受到成吉思汗的宠信，成吉思汗亲切地称他"吾图撒合里"，而不叫他的名字。"吾图撒合里"，在蒙古语中的意思是胡子很长的人，表示很有学问。

蒙古军队在对自己的宗主国金国实施了一连串痛击之后，又集中精锐之师攻打西夏。在攻打灵州这个西夏的军事重镇时，破城之后，蒙军众将士，无不争掠妇女、财物，独有耶律楚材在收集散佚的书籍和大黄等药材。

同僚们对他的行为感到疑惑。不久，兵士们因为长期风餐露宿，疫病大作，幸得耶律楚材用大黄配制的药材救命，所活至万人。

1227年，成吉思汗病逝。依照蒙古国的惯例，成吉思汗的四子拖雷获得其父的直接领地，即斡难河及客鲁连河流域一带蒙古本部地方，并且代理国政。

在此期间，燕京城中社会秩序颇为动荡，有许多凶恶的盗贼天还没黑，他们动不动就拉着牛车闯入富家，拿走财物，不给就杀人。拖雷认为只有耶律楚材可以处理好这件事，于是特遣耶律楚材和中使塔察儿前往整治。

耶律楚材在掌握大量的证据基础上，毫不手软地将触禁者一一缉拿归案，将其中16个罪大恶极、民愤最大的首犯，绑赴刑场处极刑。从此，燕京的巨盗绝迹，百姓们得以安宁。

1229年，拖雷已监国两年，按照成吉思汗的遗命，帝位应传给太祖三子窝阔台。

成吉思汗还有一条特立的法制：凡蒙古大汗，如当新旧交续之时，必须经王族诸将及所属各部酋长，召集公开会议确定之后，方可继登汗位。

拖雷（1193—1232），即孛儿只斤·拖雷。蒙古族。成吉思汗的第四子，尊号"也可那颜"。1227年成吉思汗去世后，次子孛儿只斤·窝阔台即位，拖雷监国。谥号"英武皇帝""景襄皇帝"，庙号睿宗。

■ 元代匕首

这年秋天，成吉思汗本支亲王、亲族齐集在克鲁伦河畔，议定汗位的承继。会议开了40天，拖雷在耶律楚材的力谏下决定让窝阔台即位做大汗，自己继续监国。

登基朝仪是耶律楚材精心拟制的。为了确保朝仪的顺利进行，事先耶律楚材选中了察合台亲王，作为带头执行者。在正式的登基大典上，察合台率领众皇族和臣僚向窝阔台汗跪拜。

这样，耶律楚材一举除掉了蒙古国众首领不相统属的旧习，制定了尊卑礼节，严肃了皇帝的威仪。盛典进行得很顺利。

这些粗犷成性、散漫惯了的蒙古君臣，在日常的执行过程中，有许多人仍难以适应。为此，窝阔台汗准备惩治那些违制的臣子。

耶律楚材上奏说："陛下刚登帝位不久，对他们

千古忠良

千古贤臣与爱国爱民

■ 蒙古骑兵

以宽恕为宜。"

窝阔台汗采纳了他的意见，果然效果很好。

耶律楚材建议实施的恩威并举，反复整顿的各项措施，有力地维护并逐渐健全了朝廷礼制。

1231年，蒙古国经过休养生息，国力更为强盛，窝阔台汗决定南征灭金，派遣大将速不台率领大军进围汴京。

1232年正月，金国将领崔立发动汴京政变。汴京在蒙古军猛攻下城陷指日可待。这时速不台奏请窝阔台汗，待城破之后屠城，窝阔台汗点头同意。

■ 蒙古骑兵

耶律楚材听到屠城预谋，急忙驰骑赶来入奏，力主不要屠城。窝阔台汗终于动了心，立刻准其所请，下令只把金国皇族完颜氏杀掉，其余一律赦免。自此以后，废了屠城之法。

4月，蒙军入汴京。当时为逃避战乱留居汴京者147万人，皆得保全性命。

1234年正月，蒙、宋合兵攻入蔡州，金国遂告灭亡。河南初平，蒙军俘获甚多。军队返回途中，逃走的俘虏十有七八。

窝阔台汗下令：凡是收留逃民和供给他们衣食的

察合台 （？—1241），即孛儿只斤·察合台，又译察合带、察哈歹、茶合、茶合带。蒙古族。成吉思汗的第二子。察合台汗国的创建者。元朝建立后，被元世祖追谥为"元圣宗忠武皇帝"。

■ 金代花碗

人，一家都处死，同时乡亲邻里也要受到连坐。

由此逃者不敢求舍，沿途不敢留宿，以致饿殍遍野。

耶律楚材念及民心向背，又进谏说："河南既然平定，那里的百姓都是陛下的子民，他们还能走到哪里去呢？何必因为一个俘虏，让数百或几十人一同连坐处死。"

窝阔台汗醒悟，遂撤销此禁令。

金亡之后，西部秦、巩等20余州久未攻下。耶律楚材向窝阔台汗献计说："过去我们百姓中的逃犯，可能集中在这些地方，所以他们拼死抵抗，如果准许不杀他们，那么这几个州将会不攻自下的。"

窝阔台汗下诏赦免逃亡旧罪，又宣布废弃杀降之法。诸城果然接连请降。

自窝阔台汗即位后，中原已在蒙古军掌握之中，此时此际，力兴文教，崇奉儒术，已经是当务之急。耶律楚材在进入汴京后，赶忙遣人入城收求孔子后人，找到了孔子第五十一代孙孔元措，奏请袭封为

"衍圣公"。并给予孔元措林田庙地，为之修孔庙，建林苑。

耶律楚材还命令招收太常寺因战乱散亡的那些礼乐生，还征召著名的儒生梁陟、王万庆、赵著等人，叫他们把儒家经典译成口头语，讲解给太子听。

耶律楚材亲自带领大臣们的子孙，手捧着经书解释其中意义，使他们领会圣人的学说。耶律楚材在燕京设立编修所，在平阳设置经籍所。正由于这样，文化事业兴旺发达起来了。

蒙古贵族崇尚武功，根本没有税制观念。耶律楚材深知如今的蒙古国已是一个多民族的国家，长治久安之计是推行汉人的做法，大力发展农业，如果保守地强调畜牧是狭隘的，是不合国情的落后政策。

孔元措 字梦得，袭封衍圣公孔誧之子，孔子第五十一代孙，生卒年月不详。金末帝年间迁光禄大夫，晋太常卿。蒙古灭金后，他曾上言窝阔台，建议召集熟悉礼乐之人整理礼乐，获准。元朝礼乐，由孔元措整理创编。

■ 元代精美青花瓷

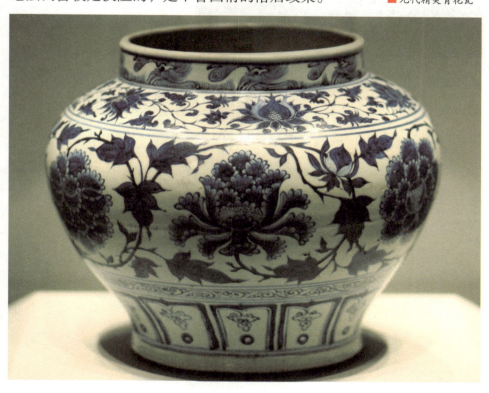

元代官吏蜡像

基于这样的认识，耶律楚材对窝阔台汗说："陛下您将南上征伐，军需物资应该及时供给，如果能合理地制定中原地区的地税、商税及盐、酒、铁冶和山林河泊等项上缴国家的税收，每年可以得到白银50万两、帛绢8万匹和粮食40余万石，足以满足军队的需要，这不远胜于变农为牧吗？"

窝阔台汗经过认真考虑，认为颇有道理，便命耶律楚材全权筹划，实行征税制度。

窝阔台汗灭金之后，蒙古君臣计议编制中原民户，以便征收赋税。经过多次争议，最后按耶律楚材的想法实行。

这样，用老、幼年牵制着青、壮年，使初步编制的户口比较稳定地存在下来。等大臣献上各地户籍时，窝阔台汗一时忘乎所以，竟许诺把部分州县赐给各亲王和功臣。

耶律楚材对此陈述了分封之害："分割土地和人民，容易产生彼此间的猜疑与矛盾，不如多赏赐给他黄金和绢帛。"

可是，窝阔台汗既已许诺，苦于不便食言，楚材便为之想了个变通办法："那就朝廷设置官吏，到各州县去收赋税，每年年终把赋税颁发给诸王功臣，使他们不能擅自科征，这样就行得通了。"

窝阔台汗依计而行，遂确定了财政税收办法及数额。

就这样，元朝的税制初步健全，形成按户、地、丁三者并行科税的制度。

耶律楚材还着手制定了手工业、商业和借贷等项制度，统一度量衡，确立钱钞通行之法等。

在一次蒙古诸亲王的集会上，窝阔台汗亲自给耶律楚材奉觞赐酒，由衷地说："我之所以推心置腹地任用你，这是因为先帝太祖的遗命。没有你，就没有中原的今天。我之所以能够高枕无忧，都是你努力的结果。"

由于这样的知遇之情，也由于耶律楚材的气质和胆略，使他能够在国家政治生活中发挥着极重要的作用。

1241年，窝阔台汗突然染病不起，稍稍好转，又要骑马负弓。窝阔台汗不听耶律楚材谏阻，连续疯狂驰骋5天，结果死于外地行宫。

窝阔台汗一死，汗后乃马真竟然自己临朝称制，耶律楚材一时难

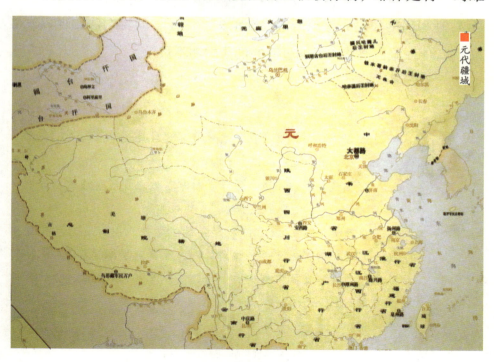

元代木桶炮

以阻挠，只是徐图良策。乃马真后崇信奸邪，朝政紊乱，政事都被搞乱了。耶律楚材终于愤悒成疾，于1244年抱恨长逝，卒年55岁。

耶律楚材以其智慧与能力，引导元朝统治者看到了汉文明的优越，使蒙古帝国本身没有的礼仪、赋税制度建立起来，使蒙古落后的分封制和部落联盟的管理制式逐渐消失，使蒙古幼稚的法制得以发展成长。他在蒙古部落向元朝过渡的创业中功不可没。

阅读链接

蒙古民族历来盛行饮酒之风，窝阔台更是嗜酒如命。登位之后竟然天天与大臣酣饮，不醉不休。

耶律楚材屡谏不听。后来楚材拿着被酒浸泡腐蚀的酒器铁口启奏说："酒能够腐蚀器物，铁尚且如此，何况五脏？"

这真是动之以情，使窝阔台幡然醒悟。他对着近臣夸赞说："你们尊爱君王为国忧虑的心，难道能像吾图撒合里一样吗？"于是一方面赏赐楚材金帛，另一方面下令近臣，每日只能进酒3盅。长此以往，耶律楚材与窝阔台结下了难解之缘、腹心之情。

明清两代是我国历史上的近世时期。在这个历史阶段，多民族的封建国家进一步发展，各民族之间继续融合；封建经济取得空前成就，并在明朝中后期出现了资本主义萌芽；意识形态领域取得显著成果。

这些成就的取得，离不开那些有道德和有才能的贤臣们。他们刚直清廉，善谋善断，维护主权，殚精竭虑，为我国的政治、经济和文化的发展，做出了永载史册的历史性贡献。

近世时期

治世能臣

刚直清廉的海瑞

海瑞（1515—1587），字汝贤，号刚峰。生于明代广东琼山，即今海南省海口市。明代政治家。谥号"忠介"。

为人正直刚毅，为政清白廉洁，一生忠心耿耿。后人称其为"海青天"。

海瑞一生十分清贫，抑制豪强，安抚穷困百姓，打击奸臣污吏，因而深得民众爱戴。他的生平事迹在民间广泛流传，经演义加工后，成为了许多戏曲节目的重要内容。

■一代清官海瑞海青天像

■ 明代人物雕塑

海瑞在4岁的时候父亲不幸病逝，他和母亲相依为命，生活异常清苦。母亲很刚强，勤俭持家，教子有方，在她的亲自督导下，海瑞自幼即诵读儒学经典，加上母亲为他所请的良师指点及严格要求，海瑞得到了良好的家教与文化教育，这使海瑞很早就有了报国爱民的思想。

海瑞20多岁考上举人后，先是到南平担任教谕。过了几年，海瑞因为考核成绩优秀，被授予浙江严州府淳安县知县。淳安县经济比较落后，又位于南北交通要道，接待应酬，多如牛毛，百姓不堪其扰。

海瑞上任后，严格按标准接待，对吃拿卡要的官员毫不客气。

在做知县期间，海瑞把淳安县管理得井井有条，

教谕 学官名。宋代京师小学和武学中开始设置，多为举人、贡生出身，负责教育生员。后来到了明清时期，县设"县儒学"，是一县之最高教育机关，内设教谕一人，另设训导数人。

千古贤臣与爱国爱民

■海瑞祠堂

他审判的案子也从来没有出过错，一件件都水落石出。从此，"海青天"的称号就在淳安县传开了。

一天上午，海瑞正在县衙里阅批公文，有一篇公文上说总督胡宗宪的公子不日即来淳安。海瑞刚刚看完公文，就有衙役匆匆忙忙地跑进来说："大人，胡总督公子带一大批随从已到淳安县。"

"将他们安置在官驿，按普通客人招待。"海瑞头也没抬吩咐道。对于胡公子的到来，海瑞不惊不乱。

要是换了另外一个县令，恐怕早就集合全体差役热烈欢迎了。过了一会儿，那个差役又来报信："大人，大事不好，胡公子在官驿大发脾气，并把驿吏绑起来毒打。"

海瑞听了非常生气，决定要教训一下这位胡公子，他想出一个绝妙的主意。

海瑞带着差役把胡公子和他的随从抓回县衙，然后立刻升堂。海瑞端坐在堂上一拍惊堂木，大问："你是何人竟敢假冒胡总督的公子，速速从实招来。"

胡公子被森严的公堂吓得脸色苍白，连话都讲不出来了，原来的骄横劲儿再也不见了。海瑞又命人从胡公子的行装里搜出了几千两银子，便更加理直气壮，不仅没收银子充公，而且还将胡公子等人立刻赶出淳安县。

百姓无不拍手称快，夸赞海瑞真不愧是个好清官。

与此同时，海瑞所书写的报告已送到了胡宗宪总督衙门，报告称"有一群歹人竟冒充胡公子名号行骗，幸好被抓获，银子没收，并赶出淳安"。

胡宗宪见到哭哭啼啼的儿子回来，知道吃了哑巴亏，也没有办法，他只得告诫儿子以后不要去淳安县惹海瑞。不久，有个叫鄢懋卿的刺史要到浙江巡查，这个刺史是严嵩的干儿子，是个大坏蛋。浙江各郡县忙碌起来，准备金银进献，唯独淳安县没有动静。

其实海瑞早就知道这个消息，但他十分痛恨靠压榨百姓奉承上级的行为，他告诉差役不要准备，他自有对策。

海瑞很快写了一封信给鄢懋卿，信里说：

我知道大人您是个节俭的人，常说不要铺张浪费。但这次您所到之处都是大鱼大肉盛情款待您，这使卑职我非常为难。不热情款待怕怠慢了您，热情款待又怕违反您的命令，我真不知道该怎么办才好。

海瑞的信给鄢懋卿出了个大难题，他心里想：海瑞可真难对

■ 严嵩（1480—1567），字惟中，号勉庵、介溪、分宜等。今江西省新余市人。明朝时期重要的权臣，擅专国政达20年之久，累进吏部尚书，谨身殿大学士、少傅兼太子太师，少师、华盖殿大学士。为我国历史上著名的权臣之一。

付！他发作不是，不发作也不是。再加上近来海瑞由于胡公子的事声名很盛，最后他决定还是不要去淳安县碰这块硬骨头的好。于是，他只好绕开淳安县去巡视其他各县了。

通过这件事，海瑞又一次打击了严嵩同党的气焰，在老百姓心中的威望更高了。

后来海瑞做了京官，升为户部主事。但他刚直不阿的性格一点儿也没有改变，更难能可贵的是他那一颗赤诚的忧国忧民之心时刻在跳动着。当他看到皇帝对国家大事置之不闻，深居内宫，迷信道士，荒废国事时，又痛心又气愤。

于是，他在1566年2月上书给嘉靖皇帝，将他所犯的错误全部数了出来。在此之前，海瑞在棺材铺里买好了棺材，并且将自己的家人托付给了一个朋友。可见他根本就没自己留什么后路。

千古忠良

千古贤臣与爱国爱民

户部主事 户部是我国古代官署名，六部之一，为掌管户籍财经的机关，长官为户部尚书，曾称地官、大司徒、计相、大司农等。主事属于封建品级制度中较小的底层办事官吏。明朝的主事为各部司官中最低的一级，官阶正六品。

■ 嘉靖皇帝（1507—1566），即明世宗朱厚熜，嘉靖是他的年号。他是明朝的第十一位皇帝，在位45年。谥号"钦天履命英毅圣神宣文广武洪仁大孝肃皇帝"，庙号世宗。他死后葬于北京十三陵之永陵。早期整顿朝纲，史谓"中兴时期"，后期崇信道教，不再理政。

　　嘉靖皇帝读了海瑞奏书十分愤怒，把奏书扔在地上，对左右人说："快把他逮起来，不要让他跑掉。"

　　宦官黄锦在旁边说："这个人向来有傻名。听说他上疏时，自己知道冒犯该死，买了一个棺材，和妻子诀别，在朝廷听候治罪，奴仆们也四处奔散没有留下来的，是不会逃跑的。"

　　嘉靖皇帝听了默默无言。过了一会儿又读海瑞奏书，一天里反复读了多次，总觉得很难容忍海瑞的责备，于是将海瑞逮捕，关进监狱。

　　两个月后，嘉靖皇帝去世，明穆宗即位，海瑞被释放出狱，官复原职。不久改任兵部，提拔为尚宝丞，调任大理寺。

　　明穆宗向来器重海瑞名，屡次要召用海瑞。这时的海瑞已到古稀之年，他给明穆宗上疏说："现在对贪官污吏刑罚太轻，应当用严厉的方法惩治贪污。"

　　明穆宗想重用海瑞，却被大学士入阁主持国事的官员暗中阻止，于是任命海瑞为南京右都御史。

　　海瑞到任时，发现诸司向来苟且怠慢，他就身体力行矫正弊端。

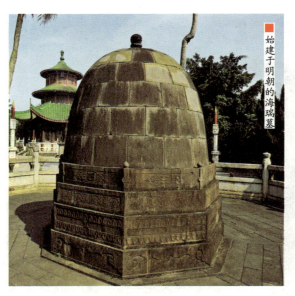
始建于明朝的海瑞墓

有的御史偶尔陈列戏乐，海瑞要按明太祖法规给予杖刑。百官恐惧不安，都怕受其苦。提学御史房寰恐怕被举发就先告状，给事中钟宇淳又从中怂恿，房寰再次上疏诽谤诬蔑海瑞。海瑞也多次上疏请求退休，皇帝下诏安抚挽留。

1587年，海瑞去世于任上。去世时，南京都察院佥都御史王用汲去照顾海瑞，只见用布制成的帷帐和破烂的竹器，有些是贫寒的文人也不愿使用的，因而禁不住哭起来，凑钱为海瑞办理丧事。海瑞的死讯传出，南京的百姓因此罢市。海瑞的灵柩用船运回家乡时，穿着孝服的人站满了两岸，祭奠哭拜的人百里不绝。

千古忠良

千古贤臣与爱国爱民

阅读链接

海瑞刚做南平教谕时，延平府的督学官到南平县视察，海瑞和另外两名教官前去迎见。

在当时的官场上，下级迎接上级，一般都是要跪拜的。因此，随行的两位教官都跪地相迎，可海瑞却站着，只行抱拳之礼，三人的姿势俨然一个笔架。

这位督学官大为震怒，训斥海瑞不懂礼节。

海瑞不卑不亢地说："按大明律法，我堂堂学官，为人师表，对您不能行跪拜大礼。"

这位督学官虽然怒发冲冠，却拿海瑞没办法。海瑞由此落下一个"笔架博士"的雅号。

杰出谋士范文程

范文程（1597—1666），字宪斗，号辉岳。北宋名相范仲淹第十七世孙。生于辽东沈阳卫，即今辽宁沈阳。隶属满洲镶黄旗。谥号"文肃"。清朝开国宰辅之一，是有名的政治家和谋略家。

他一生侍奉清朝侍奉清太祖努尔哈赤、太宗皇太极、世祖顺治帝、圣祖康熙帝四代皇帝，为清朝开创江山立下了不朽之功。范文程病逝，康熙帝为其祠题额"元辅高风"。

范文程出身名门，自小

■ 辅佐帝王的良将范文程像

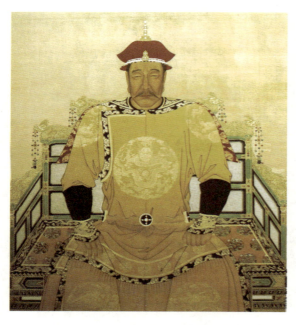

■ 努尔哈赤（1559—1626），爱新觉罗氏。满族。我国历史上杰出的军事家和政治家。清朝的奠基人和主要缔造者。谥号"承天广运圣德神功肇纪立极仁孝睿武端毅钦安弘文定业高皇帝"，其子皇太极改国号为"大清"并在称帝之后，追尊努尔哈赤为太祖。

喜欢读书，才思敏捷，擅长谋略。他自愿投效努尔哈赤，但未受重用。皇太极即位后，发现他的才智并委以重任，使之成为其主要谋士之一。从此，范文程开始了他辅佐清朝4代皇帝的谋略生涯。

1629年冬，皇太极亲率大军，由龙井关、洪山口越过长城，直通北京，遭到明宁远巡抚袁崇焕、锦州总兵祖大寿的坚决抵抗，双方激战至北京城郊，相持不下。清军久攻不下，伤亡越来越多，粮秣补给日益困难，一筹莫展。

此刻，范文程向皇太极献反间计。当时后金军俘获两个明朝太监，皇太极先密令部将故意议论与袁崇焕有密约，使被关押的太监得以偷听；然后又令后金军放走一个太监，使其返回明廷报告崇祯皇帝。

皇太极（1592—1643），也称皇太子、洪太极、黄台吉，爱新觉罗氏。满族。清太祖努尔哈赤第八子。谥号"应天兴国弘德彰武温宽仁圣睿孝敬敏昭定隆道显功文皇帝"，庙号太宗。他在位17年，其间整顿内政，对外开疆，是清朝实际上的开国皇帝。

■ 清代红衣大炮

一向猜忌而多疑的崇祯帝果真误信了袁崇焕与清军有密约，随将袁崇焕从前方召回并将他逮捕下狱，不久即处死。

祖大寿闻之大为惊骇，顾不上当面清军，慌忙带自己手下兵将逃归锦州。

就这样，范文程的一条反间计，不仅为皇太极除掉了一个战场不能战胜的宿敌，反而使明军自己让开了一条通道，使清军得以从容退出关外。由此，明清的军事对抗，骤间产生了不利于明朝的转化。

1632年，皇太极率满洲八旗和蒙古各部兵马穿越兴安岭，远征察哈尔。不料，林丹汗得知情报后，采取坚壁清野，驱富民及牲畜，渡过黄河，丢下一座空城。

待皇太极率数万大军疲惫不堪赶到归化，即今内蒙古呼和浩特时，已是人走城空，无吃无喝，一片狼烟。早已人疲马困、粮秣告罄的清军每日都有士卒饥渴而死。数万人马只得靠猎取黄羊为食。

在这种情况下，清军若从原路返回，因沿途地薄民穷，将士无所得，部队无所食，千里兴师，徒劳而返，必将名利俱失。但是，若兵马深入明境，抢劫一番，却又苦于师出无名，不敢贸然行事，真是计无所出。

于是皇太极让范文程等献计。

范文程认为，唯有深入，方为上策，但必须以"议和"来当幌子。他进而解释道：

满洲八旗 是清太祖努尔哈赤于1601年正式创立，初建时设四旗：黄旗、白旗、红旗、蓝旗。1614年因"归服益广"将四旗改为正黄、正白、正红、正蓝，并增设镶黄、镶白、镶红、镶蓝四旗，合称八旗，统率满族、蒙古族和汉族军队。

■ 明代火铳

洪承畴（1593—1665），字彦演，号亨九。先仕于明，松山之败后降清，既是明末叛臣之一，但他也是清朝定鼎中原的重臣。被清政府赠少师，谥号"文襄"，赐葬京师，立御碑。乾隆因洪承畴为叛明降清的人，列于贰臣甲等，入《清史·贰臣传》。

■ 清八旗铠甲

正黄旗铠甲　镶黄旗铠甲　正白旗铠甲　镶白旗铠甲

正蓝旗铠甲　镶蓝旗铠甲　正红旗铠甲　镶红旗铠甲

"可先写信与明朝近边地方官员，要求议和，并限住日期，立候结局，谅南朝皇帝，人多嘴多，近边官员也不敢担当，届时便可借为口实，为所欲为。"

皇太极如茅塞顿开，立即采纳了他的计谋。一方面致书明大同、阳和、宣府等地官员，要求议和，并以10日为限；另一方面挥师直奔宣府、张家口，沿路纵兵掠民，满载而返。

结果，正如范文程所预料的那样，直至清军劫掠而去，"议和"的协定尚未及回复上报。

1642年，明朝大将洪承畴在松山战败被俘。皇太极爱才，欲招降为其效力。派诸多人前去劝降，但洪承畴誓死不降，骂不绝口，令众人无可奈何。

于是，皇太极又派范文程前去试试。

范文程见到洪承畴，一句不提投降之事，只与洪承畴天南海北、谈古道今地闲聊。其间，房梁上有积尘溅落在洪承畴的衣襟上，洪承畴好几次用手轻轻弹掉。

这个下意识的小动作，一般人谁也不会留意的，但范文程敏锐地观察到后，露出了宽慰的自信。他向皇太极献计：

"洪承畴根本不想死，他对身

■ 清代贵族像

上穿的破衣服都能爱惜，何况自己的身家性命！"他鼓励皇太极不要灰心，只要耐心地等待和劝说，洪承畴定会被说降的。

果不其然，经过范文程等人耐心而巧妙的游说，一向信誓旦旦，要以死报国的洪承畴终于投降了。

1644年，清王朝拟再度伐明，但对这次出征要达到什么战略目标并不明确，对是否入关也犹豫不决。

正在举棋不定时，范文程提出："明朝覆亡，已是无可挽回的趋势，就如秦朝的灭亡一样。现在机会难得，稍纵即逝，要当机立断，果敢地挥军入关，挺进中原抢夺明朝天下。"

以往清军也曾数度入关，但主要是为了掠夺。上至将帅，下至兵卒，烧杀掳掠，无所不为。但对此次入关，范文程特别强调，要一改昔日掳杀传统，必须申严纪律、秋毫勿犯，以使中原地区百姓向风归顺。

■ 崇祯皇帝殉国处

崇祯皇帝
（1611—1644），
即朱由检。明朝
第十六位皇帝。
在位17年。谥号
"守道敬俭宽文
襄武体仁致孝庄
烈愍皇帝"，庙
号思宗。即位后
大力铲除阉党，
并六下罪己诏，
但性格刚愎自
用且多疑。1644
年，李自成军攻
破北京后自缢于煤
山，即景山。葬于
十三陵思陵。

同年4月底，清军进军北京。当得知崇祯皇帝已缢的消息后，为了迅速稳定政局，安抚民心，范文程建议采取以下政举和措施：

宣布为崇祯帝发丧3日；起草檄文，自称为"义师"，订出为大明臣民"复君父仇"的旗号，把矛头转向李自成等农民军，这不仅为清军入京找到了堂皇的借口，又最大限度地减少大明军民的抵抗；各衙门官员俱照录用，在京内阁、六部、都察院等官员同满官一体办事等。

由于范文程采取了恰当的对策，为清政权在北京的建立奠定了基础。同时，也越发显出范文程在政治上和军事上超乎群雄的显赫地位和作用。

俗话说"树大招风"。随着范文程地位的上升，声望过隆，引起了清统治集团内部一些贵族官员的忌妒和不满。一向好独秉大权的多尔衮也在许多政策及用人等问题上与范文程发生分歧。

1645年8月，多尔衮以国家事务各有专属，范文程素有疾病，不宜过劳等借口，开始限制和削弱他的权力。随后，又因甘肃巡抚黄图安呈请终养问题，范文程被多尔衮以擅自辅政为由，下法司勘问。

虽然这次没有罢他的官，但范文程已深知自己的处境和今后该怎样处理与多尔衮的微妙关系了。他处处小心从事，既不使自己冒尖，更不干出风头、授人以柄之事，免遭不测。

1648年3月，独断专行的多尔衮由于贵族内部权力争斗的需要，并毙了肃清王豪格。

在此前后，多尔衮曾多次命其亲信大学士刚林、祁充格同范文程一起删改太祖实录。范文程深知此事关系重大，处理不好将殃及安危，但他又不

■ 多尔衮（1612—1650），爱新觉罗氏。努尔哈赤第十四子，皇太极之弟。清朝初期杰出的政治家和军事家，完成大清一统基业的关键人物，清朝入关初期的实际统治者。先追尊为成宗义皇帝，后被顺治帝追论谋逆罪削爵，后复睿亲王封号。

能违命不从。于是便托词养病，闭门不出，采取软拖的办法，以免遗患未来。

1650年，多尔衮病死。翌年初，多尔衮被指控生前有谋逆行为，依附多尔衮的刚林、祁充格等人，被控犯有"妄改太祖实录"之罪而被杀。范文程虽也参与此事，但因既非多尔衮一党，又未留下把柄，仅被处以革职留任，不久又官复原职。

就这样，范文程不仅机智地避开了一场政治争斗，而且又很快地得到新主福临帝的信任和重用。至1652年，范文程官升至议政大臣，这是此前所有汉人从未得到过的宠遇。

1653年5月，福临为治理好国家，整顿朝纲，特

■ 清代骑兵

■ 清代市井图

请范文程研究治国安邦之道。范文程坦诚地说："大凡行善合天者，必君明臣良，交相释回，始克荷天休而济国事。若人主愎谏自用，谁复进言？"

范文程的这番话，实际上是要福临以过去多尔衮独专朝政而引发内部派斗为教训，要善纳群言，能听进不同意见，才能使君主的决策能顺乎民心民意，合乎潮流。

在此之后，范文程又提出了兴屯田，招抚流民；举人才，不论满汉新旧，不拘资格大小，不避亲疏恩怨等重要建议，多被采纳并实行。不仅如此，他还对朝中那些敢于直言不苟、秉公不阿的臣僚给以爱护。

1654年8月，范文程进升少保兼太子太保。但他

太子太保 古代时的太子太保头衔只是一个荣誉称号，并不是真的给太子上课，有的皇帝根本就没太子，也封别人做太子太保。有的皇帝还是小孩，就封别人做太子太保。清朝时太子太保等是从一品官，但是有衔无职，一般作为一种荣誉性的官衔加给重臣近臣。

■ 康熙帝玄烨（1654—1722），爱新觉罗氏。满族。清朝第四位皇帝、清定都北京后第二位皇帝。在位61年，是我国历史上在位时间最长的皇帝。谥号"合天弘运文武睿哲恭俭宽裕孝敬诚信功德大成仁皇帝"。他奠下了清朝兴盛的根基，开创出"康乾盛世"的大局面。

此时已年老体衰，力不从心，多次上疏请求修养。福临不愿失去这样一位杰出谋士和得力助手，命他暂不到任，待病稍愈，立即前来就职。此外，福临还特别加封范文程太傅兼太子太师。

然而，明智而又深谋远虑的范文程，就此谢政隐退，安度晚年。1657年，福临又给范文程加官一级，并将他的画像收藏在皇宫之内。

1666年8月，范文程去世。后来，康熙帝玄烨亲笔书写的祠堂匾额说他有"元辅高风"。

阅读链接

清军进入北京时，多尔衮下令北京城内所有官员都搬出城，好让满洲贵族入住。

当时明朝官员中有个德国科学家叫汤若望，他一听多尔衮让他搬出北京，就写了一封信求人转交给多尔衮，阐述了自己的苦衷。

多尔衮却把这封信扔了，结果叫范文程拣到了。范文程是文人，一拿到信就找多尔衮，说汤若望是个人才，天文历法方面的学识和技能非常高，而大清正需要这种人。正是由于范文程重视人才，保护人才，汤若望才得以被重用。

近代第一人臣林则徐

林则徐（1785—1850），字元抚，又字少穆、石麟，晚号瓶泉居士等。生于清代福建侯官，即今福建省福州市。清代后期的政治家和思想家，是中华民族抵御外辱过程中伟大的民族英雄，其主要功绩是虎门销烟。

林则徐是中国近代"睁眼看世界的第一人"，伟大的爱国主义者。因其主张严禁鸦片，抵抗西方侵略，维护我国主权和民族利益，深受我国人民的敬仰。史学界称他为"近代中国的第一人臣"。

■ 睁眼看世界的第一人林则徐像

千古贤臣与爱国爱民

张师诚（1762—1830），字心友，号兰渚，浙江归安，即今浙江省湖州人。清朝官吏。任历山西蒲州知府，河南和江苏按察使，山西布政使，江西巡抚，福建巡抚等。他发现和提拔林则徐。1825年任安徽巡抚，后以病辞归。

林则徐自幼勤奋好学。他14岁中秀才，19岁中举人，21岁被聘到厦门任海防同知书记，22岁被聘为福建巡抚张师诚的幕僚。林则徐在27时岁考中进士后，从此步入仕途。

林则徐的仕途很顺畅，在鸦片战争之前，先是任翰林院编修，利用这里藏书丰富，人才荟萃的有利条件，刻苦学习，进一步充实自己。后历任两浙盐运使、江苏巡抚、湖广总督等职。在职内，他一心为民，在兴办河工、治理漕运、兴屯垦田等方面都做了大量工作，很受当地人民群众爱戴。

在1837年至1838年间，鸦片就像洪水一样涌进我国。鸦片是一种有强烈麻醉性的毒品，被当时的英国商人输入我国后，既毒害了我国人，又给清朝的财政造成了很大损失。

林则徐深知鸦片的危害，他在任湖广总督期间，查获了近5000支烟枪，当众刀劈火烧，收缴了大量鸦片，仅阳县就缴获鸦片一两万千克。

为了帮助吸食者戒烟，林则徐提出了6条禁止鸦片的办法，如配制断瘾丸，强迫吸食者戒绝，大举搜查烟枪、土膏等，使

■ **道光皇帝**（1782—1850），即爱新觉罗·旻宁，清宣宗，通称道光帝，是清入关后的第六个皇帝。满族。清仁宗，即嘉庆帝次子，生母为孝淑睿皇后喜塔拉氏。在位30年。谥号"成皇帝"，庙号宣宗。

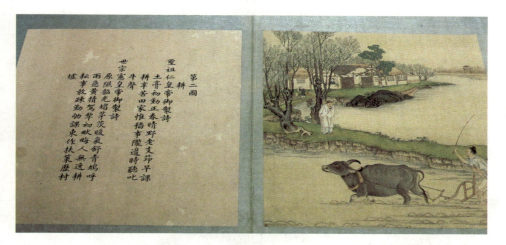

世宗憲皇帝御製詩
原隰芳菲茨气舒青鳩呼
雨促黄犢寫犁畝膩人無遠耕
墟事敢辭勤課東作扶歷村

聖祖仁皇帝御製詩
土膏初動正春晴野老支笻早課
耕辛苦田家惟穑事隴邊時聽叱
牛聲

第二圖 耕

清代耕种图

许多吸毒者戒除了烟瘾。

为了禁烟，林则徐还上疏道光皇帝主张禁烟。他在奏书中尖锐指出鸦片的危害，无情地揭露了鸦片受贿集团和吸食者的关系。

道光皇帝看了奏章后，他用笔在上面加了圈。他感到问题的严重：军队是坐天下的命根子，军饷是维持统治的基础。如果基础不牢靠，那是不堪设想的事。为了维持自己的统治，道光皇帝同意了林则徐禁烟的主张。

1838年，道光皇帝下令召见林则徐进京商议禁烟对策。同年11月15日，道光皇帝任命林则徐为钦差大臣，节制广东水师，前往广东查禁鸦片。

林则徐深知这次去广州是冒着很大的风险的，但他向自己的师友表示，自己的"祸福死生，早已置之度外"，要尽一切努力，除掉鸦片这一毒患。

林则徐来到广州后，看到街头上，一些骨瘦如柴、脸色黑灰的"大烟鬼"，有气无力地缩身在墙角里，不住地打着哈欠，鼻涕眼泪一起往外流。那些商

钦差大臣 简称钦差，是明清时皇帝差遣的一种临时官职。因为代表了皇帝本人，所以其地位十分了得。担任该官职的往往都是皇帝信得过的高官，能得此职事本身也是一种荣誉。一般事毕复命后，该官职便取消。

鸦片烟具

千古忠良

千古贤臣与爱国爱民

贩守着店铺货摊，却无人来买。

身穿便服进行私访的林则徐看到这令人心酸的情形，心里非常激动。他觉得要想彻底禁烟，非得先从内部整顿不可，一定查出并严办那些走私鸦片的汉奸和贪官，让老百姓的精神振奋起来。

于是，林则徐用种种办法，终于查清了走私鸦片的情况，严惩了一些违法官兵和烟贩子。然后，他发出了通告。

其主要内容：

一切外国商人必须在3天内交出全部鸦片，并写出永远不再贩运鸦片的保证书。今后如再查出鸦片，按犯罪论处，货物没收，犯人处死。

林则徐宣布的3天期限已到，但目中无人的外国烟贩却拒绝交出鸦片。这时，林则徐下令传讯英国的大烟贩颠地，开始和外国侵略者展开了直接的斗争。

英驻华商务监督义律从澳门赶到广州，把颠地藏到商馆保护起来。林则徐闻讯后，立即命令中国军队包围了英国商馆，并下令暂停中英贸易，以示警告。

由于林则徐采取了坚决措施，200多名英国商人终于被迫交出了20283箱鸦片。当时，美国在广州的商人也被迫交出了1540箱鸦片烟。

面对这么多鸦片，林则徐决定在虎门海滩当众销毁。他叫士兵在海滩上挖了两个方形的大池子，都有15丈见方，叫销烟池。池的前边挖有涵洞，后边连水沟。销烟前，先把水从沟里引进池里，再制成卤水。

1839年6月3日，林则徐率领广东各级军政官员，来到虎门海滩边的高岗上，亲自指挥和监督销毁鸦片。这天，天气十分晴朗。成千上万的群众闻讯赶来，海滩周围人山人海。

销烟开始了。

一队队打着赤膊的工人和士兵们把鸦片箱子抬来，用斧头劈开，将鸦片切成碎块投入蓄有卤水的销烟池里。销烟池上搭着木板，站在木板上的工人和士

颠地（1799—1853），英国鸦片走私大贩子。他和查顿、马地臣都是鸦片战争时期英国著名的鸦片走私贩子，他们都靠鸦片走私大发横财，都竭力煽动对华侵略战争。

义律（1801—1875），全名查理·义律。他于1834年跟随律劳卑勋爵抵达中国，担任贸易专员秘书。1836年12月，接替罗拔臣爵士出任英国驻华商务总监一职。因鸦片贸易问题，蔑视中国主权。

■ 虎门销烟浮雕

谕各国夷人呈缴烟土禀

林则徐

■ 林则徐收缴烟土稿

■ 林则徐销烟浮雕

千古忠良

千古贤臣与爱国爱民

兵，把早已准备好的石灰用铁锹撒入池内，还用力地搅拌着。

不一会儿，池里的卤水和鸦片翻滚起来，烟油上冒，烟渣下沉，一股浓烟冲天而起，直上云霄，霎时间弥漫了海滩的上空。

虎门海滩销烟连续进行了23天，到6月25日止，林则徐将收缴的230多万斤鸦片全部销毁。面对这一场面，海滩周围万众欢腾，无不称快。

虎门销烟是中国禁烟运动的一个伟大胜利，它打击了外国侵略者的气焰，鼓舞了中国人民的斗志，它向全世界表明了中国人民清除烟毒、反抗外国侵略和维护民族尊严的坚强决心。虎门销烟成为中国人民反帝斗争的伟大起点，

■ 鸦片战争时期的
火炮

林则徐受到中国人民的敬仰。

　　虎门销烟之后，林则徐估计到禁烟可能会引发英军侵略我国，便积极备战，筹备海防，准备迎敌。

　　他一面请求朝廷加强海防，各海口派精兵严守；一面亲自察看海口，修筑工事，添置武器，整顿水陆官兵。他倡导由民间自行团练，以保住村庄，又招募水勇，协助水师抗敌，号召民众参战。

　　与此同时，林则徐冷静分析了中英双方情况，提出了坚守炮台，以守为战；信任群众，利用民力的战术。在林则徐的鼓舞下，广东人民个个摩拳擦掌，随时准备战斗。

　　1840年6月，英军果然开始发起进攻。当时的英国政府派出48艘军舰，由懿律和义律率领海陆军4000人到了广州的海面上，此时又增加到海陆军1万人。但是他们万万没有想到，还没登陆就遭到中国军民的痛击。

懿律（1784—1863），全名乔治·懿律。查理·义律的堂兄。1840年任英国侵华全权代表和侵华军总司令，6月率领舰队到中国，侵犯厦门受挫后，攻占定海，并北犯大沽，胁迫清政府议和。同年11月退至澳门，因病回国，旋即退休。1863年死于伦敦。

千古贤臣与爱国爱民

■ 林则徐祠堂

坎儿井 坎儿井是"井穴"的意思，早在《史记》中便有记载，时称"井渠"，而维吾尔语则称之为"坎儿孜"。坎儿井是荒漠地区一特殊灌溉系统，普遍于我国新疆吐鲁番地区。坎儿井与万里长城、京杭大运河并称为我国古代三大工程。

我国军队和渔民趁着潮退，乘着小船搜查到他们，用火箭、火罐和喷筒等武器主动进攻，烧毁了英军不少船只。

从此，英军不敢在海岸附近停留，成天在海面上游弋，得不到淡水，只能用布帆兜接雨水救急，后来连食物来源也发生了困难。

英军在广州附近站不住脚，便沿海岸往北进攻，想寻找一个突破口。

道光皇帝和清朝政府并没有做打仗的准备，当英军攻陷舟山群岛的定海，又北上到达天津的白河口的时候，他们就吓慌了。

本来就反对禁烟的那些大臣趁机向皇帝告林则徐的状，说是他禁烟失当，得罪了洋人，要让英军撤退，一定要惩办林则徐。

道光皇帝以"误国病民，办理不善"的罪名，于1840年10月将林则徐等人革职查办。

1841年3月初，林则徐前往浙江镇海听候谕旨。广州各界人士怀着极其惋惜的心情，纷纷赶来为林则徐送行。林则徐无限伤感地离开了广州。不久，道光皇帝下旨将林则徐遣戍新疆伊犁。

1841年8月，林则徐挥泪北上伊犁。

1842年12月，林则徐到达伊犁。除夕之夜，人们都在辞旧迎新，而林则徐却心潮起伏，思绪万千，他非常担心祖国的前途。

林则徐在新疆，不忘边防。他行程1.5万多千米，历经8城，倡导开发荒地。兴修水利，实行屯田。

林则徐在新疆推广的坎儿井，被当地人称为"林公井"。对开发边疆、改善人民生活发挥了很大作用。

1850年11月，林则徐又被重新起用为钦差大臣，赴广西执行任务。不想在赴广西途中，他病逝于潮州普宁县，终年66岁。

阅读链接

林则徐出身于贫寒的封建知识分子家庭。父亲一生以教书为业，他把自己的希望都寄托到儿子身上。

有一次参加童子试，其父怕他走路累了影响考试成绩，便让他骑在自己肩上赶路。

来到考场，主考官见林则徐年少，有意考考他，即景出了一上联，让其对下联，作为进考场应试的条件。此上联曰："子骑父做马。"

林则徐不慌不忙，一边下地，一边应声答出下联："父望子成龙。"

主考官听了林则徐的下联，频频点头，赞不绝口，十分高兴地放林则徐进了考场。

中兴名臣曾国藩

曾国藩（1811—1872），初名子城，字伯涵，号涤生。生于后来的湖南省娄底市双峰县荷叶镇。晚清重臣，湘军之父。谥号"文正"。清朝的军事家、理学家、政治家、书法家，文学家，晚清散文"湘乡派"的创立人。

他的军事功劳、政治思想及人格修炼，对清王朝的政治、军事、文化、经济等方面都产生了深远的影响，也对后世产生了不可低估的影响。

■ 晚清"中兴四大名臣"之一的曾国藩

■ 咸丰帝（1831—1861），即清文宗爱新觉罗·奕詝，通称为咸丰帝。满族。道光帝的第四子。在位11年。谥号"协天翊运执中垂谟懋德振武圣孝渊恭端仁宽敏庄俭显皇帝"，庙号文宗。葬河北遵化的清东陵之定陵。在位期间，太平天国起义、英法联军入侵，可谓内外交困。

曾国藩出生于清代一个地主家庭，自幼勤奋好学。6岁入塾读书。8岁能读八股文、诵五经。14岁能读《周礼》《史记》文选，同年参加长沙的童子试，成绩列为优等。此后，中进士、入翰林，又历礼部等各部侍郎。

1852年，曾国藩前往江西，主持乡试。但当他南下时，其母逝世，遂获准还乡，丁忧守制。

1853年初，太平军从广西迅速向湖南进军，直逼南京。咸丰帝命令吏部左侍郎曾国藩"帮同办理本省团练乡民搜查土匪诸事务"。从这个时候开始，曾国藩弃文就武。

曾国藩从办团练开始，创立湘军。他依靠师徒、亲戚、好友等复杂的人际关系，以湖南同乡为主，仿效已经成军的楚勇，建立了一支地方团练，并整合湖南各地武装，称湘军。湘军分陆军、水师两种，士兵则招募以湘乡一带农民为主，薪俸是一般绿营的3倍左右，全军只服从曾国藩一人。

童子试 也称童试，即科举时代参加科考的资格考试，在唐、宋时称州县试，明、清称郡试，包括县试、府试和院试3个阶段的考试。《促织》中言"邑有成名者，操童子业"，"操童子业"即未取得秀才资格，没有功名，还不算读书人。

楚勇 也叫楚军，起源于1846年崀山人江忠源创办的地主团练，创办宗旨是保家卫国。在镇压了本地农民李源发起义成功后，被派往广西镇压太平天国义军，始称"楚勇"。

尊酒登临偏山寺

褚南尊无大人鉴

歌辞散落满江楼

馆甥弟曾国藩

■ 曾国藩手记

捻军 太平天国时期北方的农民起义军。源于捻子，捻子是民间的一个秘密组织，成员主要为农民和手工业者，早期活动于皖北淝水和涡河流域。捻子在太平天国影响下发动大规模起义。起义后的"捻"，史学界称"捻军"。

1853年8月，曾国藩获准在衡州练兵，凡是枪炮刀锚的模式，帆樯桨橹的位置，他无不亲自演试，殚思竭虑。他还派人赴广东购买西洋火炮，筹建水师。

1854年，曾国藩率师出征，不久在靖港水战中被太平军击败，投水自尽，被部下所救。休整后，重整旗鼓，当年攻占岳州、武昌。咸丰帝大喜过望，令曾国藩署理湖北巡抚。然而，朝廷中有人谗言，说曾国藩在湖南一呼百应，恐非国家之福。咸丰帝收回成命，仅赏曾国藩兵部侍郎头衔。

1864年7月，曾国藩、曾国荃兄弟率湘军破太平天国的天京，即今天的南京。朝廷加曾国藩太子太保、一等侯爵，曾国荃赏太子少保、一等伯爵。同年8月，曾国藩为避免朝廷怀疑，上奏请求裁军，朝廷准裁湘军2.5万人。

1865年5月，曾国藩奉命督办直隶、山东、河南三省军务，镇压捻军。他驻营徐州，先后采取重点设防、凭河筑墙、查办民圩的方略，准备在黄河、淮河之间，运河以西，沙河、贾鲁河以东的区域歼灭捻军。次年冬，清政府改派李鸿章接替，命曾国藩回两江总督本任。

曾国藩编练湘军，镇压了太平天国运动，打击了

■ 李鸿章（1823—1901），本名章桐，字渐甫或子黻，号少荃或泉，晚年自号仪叟，别号省心，世人多尊称其为李中堂，也称李合肥。安徽省合肥市人。谥号"文忠"。晚清重臣。日本首相伊藤博文视其为"大清帝国中唯一有能耐和世界列强一争长短之人"。

捻军势力，集中显示了他的军事思想的过人之处。其战略战术，很值得今人借鉴。

对曾国藩来说，有一件事不能回避，这就是他曾经在"天津教案"事件中声誉受损。客观地讲，当时曾国藩也只是秉承清王朝最高统治者的意志行事，接替他处理此事的李鸿章对最后判决比此前并无多大改变。

除了军事功劳和外交上的事务以外，曾国藩在洋务运动中的作用不可忽略。

■ 洋务运动时期的蒸汽机

千古忠良

千古贤臣与爱国爱民

在军事工业近代化方面，他率先筹设了安庆内军械所，这是我国的第一家近代军事工厂。虽然一开始只是一个手工作坊，但他们造出了我国第一艘轮船"黄鹄号"。

在民族工业近代化方面，曾国藩与学生李鸿章共同创办了江南机器制造局，办起了我国第一家大型使用机器生产的近代工厂，制造出我国的第一艘兵轮和第一台机床，炼制出我国第一磅近代火药和第一炉钢水，造就出我国一大批近代技术工人和一部分工程技术人员。因此，它是我国近代工矿企业的母厂，奠定了我国近代工业的基础。

在海军近代化方面，曾国藩从轮船的制造，到海军的建制，从水兵的招募与训练，到海军经费的筹集和水师章程的制定，等等，都做了许多的探索，以后

■ 洋务运动时期的定远号舰

海军的发展，基本是按曾国藩制定的蓝图进行的。

例如，江苏巡抚丁日昌当时提出在吴淞、天津和南澳建立3支外海水师的设想，当即就得到曾国藩的赞同和支持。曾国藩对我国海军建设的筹划与支持，促进了我国近代海军的形成和发展，促进了我国海军的近代化。

此外，曾国藩还派幼童到美国留学，揭开了我国向西方派遣留学生的历史。此举推动了我国的对外开放、中西文化交流，促进了我国教育的近代化，以及新式知识分子队伍的形成。

曾国藩的人格修炼堪称无与伦比。

第一是诚，为人表里一致，一切都可以公之于世；第二是敬，敬畏，内心不存邪念，持身端庄严肃有威仪；第三是静，心、气、神、体都要处于安宁放松的状态；第四是谨，不说大话、假话、空话，实实在在，有一是一，有二是二；第五是恒，生活有规律、饮食有节、起居有常。

曾国藩的人格修炼不仅对他的事业有帮助，也使他身边会聚了各路才俊，如左宗棠、李鸿章等。他的人格还体现在对家人的关怀和教导上。

众所周知的"曾国藩家书"，已经成为当前的热门话题。曾国藩的人格魅力也对后世的影响也非常之大，以至使他成为深刻影响数代人的精神偶像。

■ 梁启超像

曾国藩还是个文学家。他承桐城派方苞、姚鼐而自立风格，创立晚清古文的"湘乡派"。

他论古文，讲求声调铿锵，以包蕴不尽为能事。他所作古文，深宏骏迈，能运以汉赋气象，有一种雄奇瑰玮的意境，能一振桐城派枯淡之弊，为后世所赞。

曾国藩宗法桐城，但有所变化、发展，又选编了一部《经史百家杂钞》以作为文的典范，世称"湘乡派"。清末及民初严复、林纾，以至谭嗣同、梁启超等均受他文风影响。

曾国藩著有《求阙斋文集》《诗集》《读书录》《日记》《奏议》《家书》《家训》及《经史百家杂钞》《十八家诗钞》等，不下百数十卷，《曾文正公全集》，传于世。另著有《为学之道》《五箴》等著作。

1872年3月20日，曾国藩因病在南京逝世。朝廷赠与太傅，谥号"文正"。

阅读链接

一天，年幼的曾国藩从学校回到家里。刚放下书包，其父就焦急地说："煮熟的鸡蛋是分给你们吃的，现在少了一个，不知是那个偷吃了，快帮你母亲查一查。"

曾国藩思索了一下，答道："这个很容易，我有办法查出来。"

说罢，曾国藩端出一个脸盆，倒了几杯茶，把家里的人都喊拢来，叫每人喝一口茶水，吐到盆里，他站在旁边观察，结果有一个用人吐出的茶水里夹有鸡蛋黄粉。

曾国藩的父亲高兴极了，觉得儿子很聪明，将来一定能当官审案子。